◇ *和创造世界名牌的人*
『 *一起放飞梦想*』

◇ # 风雨兼程八佰伴

fengyujiancheng babaiban

◇ 刘艳华 王立萍◆编著

吉林出版集团有限责任公司

图书在版编目（CIP）数据

风雨兼程八佰伴/刘艳华，王立萍编著.--长春:吉林出版集团有限责任公司，2014.8

（和创造世界名牌的人一起放飞梦想）

ISBN 978-7-5534-4069-9

Ⅰ.①风…Ⅱ.①刘…②王…Ⅲ.①和田一夫－生平事迹－青少年读物Ⅳ.①K833.135.38-49

中国版本图书馆CIP数据核字（2014）第160286号

风雨兼程八佰伴
FENGYU-JIANCHENG BABAIBAN

编　　著：	刘艳华　王立萍
项目负责：	陈　曲
责任编辑：	金　昊
出　　版：	吉林出版集团股份有限公司
发　　行：	吉林出版集团社科图书有限公司
电　　话：	0431-81629727
印　　刷：	北京一鑫印务有限责任公司
开　　本：	710mm×960mm　1/16
字　　数：	100千字
印　　张：	12
版　　次：	2014年9月第1版
印　　次：	2019年7月第2次印刷
书　　号：	ISBN 978-7-5534-4069-9
定　　价：	23.80元

如发现印装质量问题，影响阅读，请与出版方联系调换。0431-81629727

序言 PREFACE

梦想与生命共存　传奇与我们同在

当你拥有这套《和创造世界名牌的人一起放飞梦想》系列丛书并真正读懂它的时候，祝贺你，你已经向成功又迈进了一大步，并可以为自己的人生勾画一张蓝图了。

开卷有益，我们不是猎奇，不是对世界名人和超级品牌的奇闻轶事简单地一声惊叹，而且通过阅读，让我们的视野变得更加开阔，让我们能够更好地认识这个世界，并找到适合自己的成功之路。

这是一套全方位满足你阅读愿望的好书，文字鲜活，引人入胜。这里有商界巨鳄的传奇创业故事，也有他们普通如你我的日常生活，当你随着一行行文字重走他们的人生之路时，你的心一定会在波澜起伏中感到一种快意。或许他们的成功不能复制，但是他们的坚忍、执着、宽容——这些成功的要素，我们可以复制。

通过阅读名人的成长故事，重温名人的创业之路，我们会发现，健全的人格、自由的意志、高远的理想、敢于实践的勇气、高瞻远瞩的见地、坚毅勇敢的性格、理性处世的原则、独立思考的习惯、幽默风趣的表达方式……一个人成功的诸多要素都以具体而形象的方式展现在你的面前。

每个人都有自己的生活轨迹，然而成功之路殊途同归，这一路上你的行囊里必须要装入梦想、希望、宽容和坚忍。

请给自己一个梦想吧！梦想是成功的种子，梦想是希望的支点。从这套书中你会发现，每一个了不起的品牌里都承载了品牌创始人那激越的梦想。是梦想，让他们充满激情，斗志昂扬；是梦想，在困境中带给他们希望，让他们有了坚持下去的勇气；是梦想，激励他们不断向前进！

为梦想不懈地努力吧！从这套书中你会明白，任何人的成功都不会一帆风顺，在鲜花和掌声的背后，有太多不为人知的痛苦。那些创业中的失败、徘徊和挫折，对我们来说更具有启迪的价值。真正的勇敢者，并不是无所畏惧，而是在面对挫折的时候，能及时调整自己，正视艰难困苦，不放弃希望。所谓成功，不过是努力的另一个名字罢了。

伟大的戏剧家莎士比亚曾说："一个最困苦、最卑贱、最为命运所屈辱的人，只要还抱有希望，便无所怨惧。"

生命只有一次，让我们在阅读中汲取无穷的力量吧！《和创造世界名牌的人一起放飞梦想》系列丛书会带你走进一个传奇世界，仔细阅读并把你的梦想付诸实践，你也许会成为下一个传奇。

带上我们的梦想启程，为我们璀璨夺目的人生而奋斗！

目录 Content

前言 001

第一章 理想的边界 001

第一节 关于天才的预言 003

第二节 3岁的"老板" 006

第三节 处变不惊的小男子汉 010

第四节 杂货郎也有春天 013

第五节 梦想与幻想 016

第六节 心灵之约 020

第七节 走向新生的八佰伴 024

第二章 环太平洋的梦想 031

第一节 生存还是毁灭 033

第二节 台风事件和南风法则 038

第三节　我们需要一个梦想　043

第四节　失败也是人生的财富　047

第五节　风物长宜放眼量　052

第六节　以彼之道还治彼身　056

第七节　一双袜子带来的商机　061

第八节　服务是一门艺术　065

第九节　豆沙包攻略　069

第十节　废墟之上的商机　073

第三章　鼎盛的八佰伴帝国　079

第一节　胸怀有多大，舞台就有多大　081

第二节　得与失的辩证法　085

第三节　一堂文化素质课　089

第四节　真正的失败是重复失败　094

第五节　做别人不做的事　098

第四章　走出心灵的藩篱　103

第一节　微笑是最好的武器　105

第二节　爱是最大公约数　110

第三节　爱的接力　113

第四节　创新者生存　117

第五节　换个角度想一想　122

第六节　心理训练营　126

第七节　鱼和熊掌　130

第八节　精诚所至，金石为开　134

第九节　梦想照进现实　138

第五章　浴火重生的不死鸟　143

第一节　破产的多米诺骨牌效应　145

第二节　从头再来的勇气　149

第三节　亡羊补牢犹未晚　152

第四节　冷暖人间心自知　157

第五节　快乐的哲学　161

第六节　信念是远航的风帆　164

第七节　人生是常开常落的花　168

结　语　172

前 言
Introduction

和田一夫家族精心经营的八佰伴国际集团公司，从一个杂货店和蔬菜屋起家，后来发展为世界零售业与流通领域的行业翘楚，缔造了一个前无古人的商业帝国。

拥有着众多连锁机构的八佰伴国际集团，号称"拥有环太平洋的连锁机构"，在世界各地拥有四百多家大型百货和超级市场，员工总数达几万人，公司总部八佰伴国际流通集团的年销售总额曾经达到近5000亿日元，而且旗下多家公司的股票在中国香港、新加坡、日本、马来西亚等地上市。在20世纪中叶之后，和田一夫创造了八佰伴的神话……

但是，在登上事业之巅的时候，八佰伴商业帝国大厦颓然倒下，而和田一夫也品尝到了从天堂到地狱的滋味。

1997年，八佰伴日本公司宣布破产，在世人唏嘘长叹的时候，八佰伴国际集团董事长和田一夫，却有着自己独特的见解："我是一个品尝了世间酸甜苦辣滋味的人，这一切看起来

好像是一部好莱坞大片,我们的商业发展充满了戏剧性,但是我并不悲观,即使在最困难的时候,我仍然坚信我的母亲的教诲——人,只有享受不了的福分,没有承受不了的痛苦。正是妈妈讲给我的这句中国俗语,支撑着我走过了人生最黑暗的时光……"

八佰伴国际集团公司在最巅峰的时候,一共有几万名员工,但是公司破产之后,只剩下和田一夫一个人,承受着来自各方的压力。因为日本文化历来推崇胜利者,比较欣赏弱肉强食的丛林法则,认为失败者是咎由自取,只有自我反省,才是拯救自己的唯一出路。

和田一夫一下子从锦衣玉食,变得穷困潦倒,他体会到了什么叫世态炎凉、人情冷暖。俗话说得好,"由俭入奢易,由奢入俭难"。和田一夫家族的生活也在一落千丈之后,经受着巨大的考验。

八佰伴集团公司破产之后,和田一夫从此闭门谢客,将自己封闭在日本农村的一个小屋子里,每天读书、思考,反省自己的错误。因为他知道,世间的事往往是因果循环的,自己事业的成功与失败,不能简单地归于偶然和外在条件的变化。于是,在鸟语花香、流水潺潺的"世外桃源",和田一夫每天只做两件事——阅读与静思。

和田一夫最爱读中国领导人邓小平的传记,几乎每天都要翻阅。因为他发现自己和邓小平的经历很相似,一个是在政治界三起三落,一个是在商海里几次浮沉,仍然心有不甘。他曾经对家人说过:"我最敬佩的人,就是邓小平先生,他复出的时候已经过了古稀之年,还是能做到高瞻远瞩,我现在才60多岁,和这位伟人相比,我还是年轻的小学生呢,所以我准备不断地学习充实自己,一年不行,我就学习两年,两年不行,我就学习十年。中国人常说,宝剑锋从磨砺出,梅花香自苦寒来,我早晚有东山再起的时候。"

虽然和田一夫经常用这样的话鼓励家人,但是现实情况毕竟是残酷的。面对自己并不熟悉的柴米油盐、细碎家务,和田一夫也不是很适应。他也曾经意志消沉过,经常一连几天阴沉着脸,默不作声。他想的其实只有一件事——到底哪里出了问题,让一个伟大的家族企业走到了破产的结局?

一天,一个梦境改变了和田一夫的态度。

那是在破产之后的一天夜里,这天正是和田一夫父亲的忌日,本来就心情沉痛的和田一夫,仿佛是愧对父亲似的,早早就休息了,没多久就做了一个梦。在梦里和田一夫的父亲走向了儿子,说:"你现在的样子,根本不是我希望看到的,我们共同创立的企业,在你们这一代垮掉了,你是不是觉得很惭愧?很委屈?但你要是继续这样混日子,继续醉生梦死地生活,那么我们家族什么时候才能重新振兴呢?你是我们家族的希望,振作起来,我的孩子!"

醒来后,和田一夫想了很久,仿佛父亲的教诲还停留在耳边一样。他不禁为之一振:"是啊,现在就是最坏的人生低谷了,那么,无论我走哪一条道路,都是充满希望的上坡路。再说,情况还没到无法挽回的程度,只要自己还有一口气在,一定要全力以赴,这也是妈妈常和我说的话。"

和田一夫又想起了自己的母亲——被誉为日本当代"阿信"——的创业故事,心中涌起了一阵暖流。和田一夫的母亲,正是在中国曾经风靡一时的日本电视连续剧《阿信》的原型。阿信吃苦耐劳、坚忍不拔的个性,以及微笑着面对人生苦难的人格魅力,曾经感染了整整一代中国人。

母亲和田加津常常教育他,即使到了最困难的时候,再坚持一下,就会有新的转机。因为世上事情常常是这样:山重水复疑无路,柳暗花明又一村。

和田一夫说:"在破产后的日子里,我主要做了几件事。一是反思了八佰伴公司的得与失,并写下了几十万字的心得体会。第二件事是学习新的科学技术,21世纪是信息化的时代,我要将网络技术和商业行为结合起来,将我几十年的传统零售行业的经验,以最新的科技方式传递给更多的人。第三件事,我认为未来的世界经济引擎在东亚,所以,我还是要坚持在中国重新开始创业。"

和田一夫又奇迹般地复出了,他重整旗鼓,开办了经营信息咨询公司,并在世界各地开设国际管理讲座,决心向新的创业者传授自己多年积累的经验教训。

他经常坐在自己破旧狭小的办公室里,以一个"经营失败者"的身份,向世界各地的企业家和年轻人解答企业管理的各式问题,并应邀做世界巡回演讲。和田一夫说:"我的演讲和其他人不一样,别人讲的都是如何成功的案例,而我则是一个不折不扣的失败者,和大家交流的都是如何避免重蹈我的覆辙。失败,其实没有什么可耻的,可耻的是,在失败面前从此沉沦,一蹶不振。最伟大的创业者并不是一帆风顺的幸运儿,而是有永不服输的精神的人,我把这种精神称为不死鸟精神。"

正是凭借着这种坚忍不拔的精神,和田一夫又重新站立起来,并转换了角色,以前他向普通民众出售种类繁多的百货商品,现在他将自己的得失教训写成了一本书《从零开始的经营之道》,或许是和田一夫家族本身的经历富有传奇色彩,或许是这种独辟蹊径的写作思路更符合大众的口味,这本坦率地介绍失败教训的书,在日本乃至世界畅销不衰,成为经济学人心目中商业营销经典著作。

和田一夫也重新得到了世人的尊重,因为他在破产之后,以一个男子汉的襟怀,承担了所有的责任,并且以不死鸟的精神,重新振作起来,以七旬高龄,开始了第二次创业。

现在,和田一夫的日程表总是排得满满的,除了有世界各地的商业机构聘请他前去演讲之外,他还想在实业领域为世人做出自己的贡献,他永远无法忘怀自己年轻时候的梦想——

"要建立环太平洋的连锁机构"，所以，他将目光再一次投向了海洋和广阔的大陆。他向世人宣布：自己要重新进军商界，不过这次不是零售行业，而是开发深海保健产品，以及陆地土壤的生物开发。

日本的NHK电视台曾经对这个充满传奇色彩的老人进行过一次专访，从访谈中我们也可以看到老人的心路历程。记者问了和田一夫三个问题。

"你为什么总是笑容满面的，根本看不出是一个经历过重大挫折的人？"

和田一夫说："从20岁开始，我就每天记日记，到现在已经坚持了60年了，不过，我的日记和通常理解的不太一样，很多人都在日记里抱怨，而我只记一些快乐的事情，因为我相信天无绝人之路，一切都有好起来的时候，这也许是一种有益的心理暗示吧，所以我总是微笑着面对人生的一切。我的秘密就是写了几十年的开心日记。"

"八佰伴集团公司破产以后，你是如何重新站起来的？哪里来的这么巨大的勇气呢？"

和田一夫的脸上还是挂着他标志性的笑容，他谦虚地摆摆手，说："我也是普通人，在破产之后也曾经痛苦地彷徨过，甚至想过就此沉沦下去，但是我的父母的言行，给了我很大的影响。什么事情，如果半途而废的话，就会永远一事无成，如果坚持下去，不一定会成功，但是放弃的话，就一定会失败。

这就是支撑着我走下去的精神力量。"

"你已经到了安享晚年的时候了，为什么还要第二次创业呢？将来有什么打算吗？"

和田一夫好像是看到了自己的未来，他依然保持着旺盛的斗志和青春的梦想。他激动地说："八佰伴集团公司，就是从零开始的典范，虽然经历过由盛转衰的曲折，但是我始终坚信浴火重生的道理，我要做那只有着不死鸟之称的火凤凰，燃烧自己，然后获得新生。我虽然年纪大了，但是梦想还在，我要像年轻人一样，再从一个穷光蛋，变为亿万富翁。不过，我说的不一定是金钱意义上的亿万富翁，我要做让亿万人受益的事业。"

和田一夫的访谈播出后，在日本乃至世界引起了巨大的轰动。从此，"不死鸟"和田一夫成为了一个创业的传奇，成为了励志的典范，更成为具有博爱胸怀的企业文化符号的代表。

虽然经历了从亿万富翁到穷光蛋戏剧性的人生转变，但是和田一夫并不甘心将自己的人生定格为失败者的形象，他在70岁高龄的时候，还要收拾起梦想，重新出发……

YAOHAN

第一章　理想的边界

- ■ 第一节　关于天才的预言
- ■ 第二节　3岁的"老板"
- ■ 第三节　处变不惊的小男子汉
- ■ 第四节　杂货郎也有春天
- ■ 第五节　梦想与幻想
- ■ 第六节　心灵之约
- ■ 第七节　走向新生的八佰伴

YAOHAN

第一节　关于天才的预言

> 在天才和勤奋两者之间，我毫不迟疑地选择勤奋，她几乎是世界上一切成就的催产婆。
>
> ——斯宾诺莎

和田一夫被称为"世界百货之父""餐饮巨子"。他名下的八佰伴公司，业务遍及全球，最繁盛的时候，全球有近三分之一的人口受惠于和田一夫的商业帝国。他信奉仁者无敌，将商海的战争哲学转变为传递爱心的快乐商业哲学。他还是一个从一贫如洗到亿万富翁的典范，在巡回世界的演讲中，和田一夫总是诚恳地和台下的观众交流："只要你愿意，你完全可以实现从零到亿万富翁的转变。只要你每天都坚持，你就一定会实现你的梦想。"

和田一夫说："每天清晨，我都坚持做一种精神的冥想，这并不是什么赚钱的秘诀，而是用来进行心灵的自我调整。在冥想之中，我会幻想神迹降临在自己的身上，自由的快乐的氛围就会围绕着我，如果一个人生活中的快乐电波和上帝的波段一致的话，那么诸多幸福快乐的事情，就会随着我的祈祷而实现。"

和田一夫出生在日本静冈县热海市。伊豆半岛的热海市三面临水，是一座人口稀少的美丽小城，这里有名扬四海的伊豆温泉。袅袅升腾的轻烟薄雾，将这里装点得犹如人间仙境。

1929年，老实本分的和田良平与妻子和田加津还在为生计发愁，因为世界性金融危机的爆发，导致工人失业、经济崩溃，让他们本来就不宽裕的生活更是雪上加霜。和田家以务农为生，后来热海小城旅游业渐渐兴旺，于是，和田家在城郊贩运蔬菜，也算有了微薄的收入。

和田良平看着即将临盆的妻子，心里既高兴又忧愁，因为添丁进口是件喜事，但是想到又多了一张嘴吃饭，不禁让和田郎平紧皱双眉。和田加津是个勤快的妻子，虽然马上就要临盆生子，但是仍然在家里家外忙碌着，她永远记着自己母亲的话：一个人越娇气，生孩子就越困难，越劳动，生孩子就越容易。所以直到她觉得自己马上就生产了，和田加津才停止劳动。当和田良平回到家的时候，婴儿已经呱呱坠地了。

孩子的名字早就取好了，乡下人也没有多少文化，就取了最常见的名字——如果是男孩，就叫和田一夫；如果是女孩，就叫和田一子。接生婆看着手中胖乎乎的小男孩，乐呵呵地向和田家报喜："依照你们的说法，这个孩子应该叫和田一夫。恭喜您，是个胖小子。"这时接生婆忽然有些惊奇，眼前的这个孩子并不啼哭，而是乐呵呵地笑。接生婆不禁啧啧称奇："真是好兆头，我接生了很多孩子，从来都是咧嘴大哭，因为都说孩子是父母的要账鬼，可是和田一夫却笑呵呵的，莫非是送财童子转世？我敢肯定，这个小子将来一定是个人物。"

和田良平知道这是客气话，但是也高兴地连连摆手："您过誉了，在我们这样的人家，能有什么大出息？能平平安安地过日子就不错了。我希望一夫能有口饭吃，我也就心满意足了。"

和田一夫长得虎头虎脑，总爱笑眯眯地看着大家。全家人都高兴极了。不知道是不是接生婆的"预言"起到了一种暗示的作用，全家都认为属蛇的和田一夫给全家带来了好运，因为在日本的民俗文化中，蛇的属性和龙相类似，所以大家都说和田一夫一定会光宗耀祖。

和田一夫的母亲和田加津，并不相信什么"天才"的预言，在她的心里，不管和田一夫以后有没有出息，只要他人品好，平安地成长就是他最大的福分了。

许多年以后，已经功成名就的和田一夫接受日本媒体的采访。记者美智子小姐翻出了这些陈年旧事，她说："和田一夫先生，听说您出生时天赋异禀，是不是这些都暗示着您冥冥中注定是一个亿万富翁？"

和田一夫哈哈大笑，他想了想，对这个好奇的记者说："说实话，我并不相信什么命运，如果说真的有所谓的幸运的话，我要感谢我生在一个贫苦的家庭，感谢我的母亲和田加津女士。她不仅给了我生命，更重要的是，她告诉我一个人生真谛——所谓的好运气，不过是刻苦努力的另一个名字。"

第二节　3岁的"老板"

> 我们平时说"勤学苦练"。苦，并不是"傻"的意思，而是说在练功时，第一不要怕吃苦，第二要苦思。
>
> ——培根

当时日本的经济形势每况愈下，和田家的境遇也日渐艰难。一家人常围坐在一起长吁短叹。和田加津抱着和田一夫，望着咿呀学语的儿子，她心中涌起了一股母性的力量，她抬起头向着丈夫和公婆说出了自己的想法："我要做一件事情，帮着公公去城里卖菜，这样我们家的收入可以多一点，要不然恐怕要活活被饿死。"

全家人都吃了一惊，因为在日本文化中，女性往往扮演在家里相夫教子的角色，城里的女性一般婚后都不再参加工作，即便是农村的妇女，婚后也不过是从事一些简单的家务劳动。

和田加津居然要求抛头露面，出门卖菜。丈夫断然否决了和田加津的提议："不行，这样做太荒唐了，一个女人竟然出门卖菜，再说一夫还小，需要你照顾。"和田良平的话也有些道理，因为经济不景气，现在的蔬菜生意也不好做。

没想到，和田加津已经打定了主意，她目光坚定地说："还是让我试试吧，如果我什么都不做，我只能在家里白白吃饭，如果我在卖菜的摊子上再卖些时令水果，总会有些活路的。"

家里人一看，和田加津说的有些道理，于是勉强同意了。和田良平找了些破旧的木板，两个旧轮胎，为和田加津赶制了一辆手推车。在车子的中间，他还给和田一夫留出了一个可以躺着的位置。于是，和田加津便推着和田一夫沿街叫卖。

母子两个人开始了风餐露宿的生活。

和田加津为人和善，在街坊邻居中人缘极好，而且她的蔬菜和水果都经过了精心挑选，非常新鲜且价钱公道。于是，渐渐地，和田加津有了一批固定的主顾。和田加津在卖蔬菜和水果的同时，还帮着邻居捎带一些日用杂货。所以，尽管日子清苦，一家人过得也算其乐融融。

和田一夫就是在母亲的手推车上长大的。他笑眯眯的样子实在招人喜欢，也为和田加津招徕了很多回头客。这些老主顾心疼和田一夫，就对和田加津说："你带着个孩子，风里来雨里去的，实在是辛苦，要不然你就在你家门口摆个摊子，我们都上你家来买，这样两下都方便了，岂不是更好？"

　　真是一句话点醒梦中人，和田加津马上和家里人商量，经过简单的筹备，将自己家临街的小屋收拾一番，和田家的蔬菜水果杂货店正式营业了，这个小店的名字是和田加津取的，叫"八佰伴杂货店"。日语里"八佰"是小蔬菜屋的意思，而"伴"是旁边的意思，她用这个名字表明自己的小店是她从用手推车叫卖创业发展而来的。

　　开业的当天，街坊四邻来了很多人，这时候大家都没有想到，这个不足5平方米的小屋，将来能成长为著名的八佰伴公司，成为零售业航母。和田良平想起了接生婆的天才预言，搂着和田一夫，不住地点头。这时候，和田一夫已经3岁了，俗话说，穷人的孩子早当家，这个人小鬼大的小家伙，已经能帮助母亲整理货物，做点杂活了。

　　由于和田一家为人和善，对顾客的要求从来不拒绝，渐渐地，八佰伴杂货店成了远近闻名的小商品集散地，很多顾客都成了和田家的回头客，客人也越来越多。

　　一天，和田良平去城里进货，而和田加津也推着蔬菜车，去给那些腿脚不好的邻居登门送货。临走的时候，母亲将儿子抱到了杂货店的凳子上，嘱咐他说："一夫，你帮着妈妈看着商店，如果有人来买货，你就告诉他们等一会儿再来，我很快就回来。"

　　没多久，一个叫伊藤的邻居来买东西，见和田家没有大人，就摸了摸一夫的脸蛋，准备离开，没想到和田一夫站到了凳子上，奶声奶气地问："叔叔，您需要什么东西？"伊藤愣住了，因为和田一夫不过是个3岁的孩子，竟然一本正经地做起了生意。于是他笑呵呵地逗着小一夫："我要买一包盐和一包酱，不过，你这么小，会卖货吗？"没想到和田一夫跳下了凳子，径直走到货架前，拿出了盐和酱，并准确地报出了货物的价格。伊藤觉得十分惊讶："你这个小家伙，这么小的年纪，怎么会知道价格呢？"和田一夫觉得这个问题很简单："没什么啊，叔叔，我平时看妈妈就是这么做的。"

"和田家的一夫是个小天才。"这个消息好像是一阵旋风，在热海小城传开了，大家都拥向了和田家的八佰伴商店，指名道姓地要求小一夫卖货，和田一夫也处乱不惊，总能平静地报出商品的价格。他一本正经做生意的样子让大家连连称奇，而和田加津小店的营业额也因此直线上升。

和田加津搂着懂事的和田一夫，她在心里默默祷告："孩子，妈妈希望你不仅能做一个小杂货店的老板，还能有更大的出息。"懂事的和田一夫依偎在母亲的怀里，好像能听懂母亲的心事一样，他的脸上露出了坚毅，好像对未来也充满了信心。

第三节　处变不惊的小男子汉

> 现在这代人往往只注意我们这代人发明了什么，有哪些著作，实际上我们这代人的道德行为对世界的影响从某种意义上来讲更大。
>
> ——爱因斯坦

和田一夫上小学的时候，母亲又为他生了几个小弟弟。添丁进口是好事，但是和田良平依然愁眉不展，因为这样的话，又多了几张吃饭的嘴。八佰伴杂货店的生意尚可，一家人只能勉强维持温饱。

和田一夫生来一副老成持重的模样，举手投足间有着超乎年龄的自信和沉稳。直到今天，和田家族还在津津乐道和田一夫小时候的一件事，大家都说他小小年纪，竟然能临危不乱，将来必成大器。

一天，天气预报说将有十级以上的台风在热海市登陆。于是和田良平夫妇决定赶在台风到来之前，到临近的城镇补充点货物。因为台风一起，也许连着十几天他们都没法出门了。

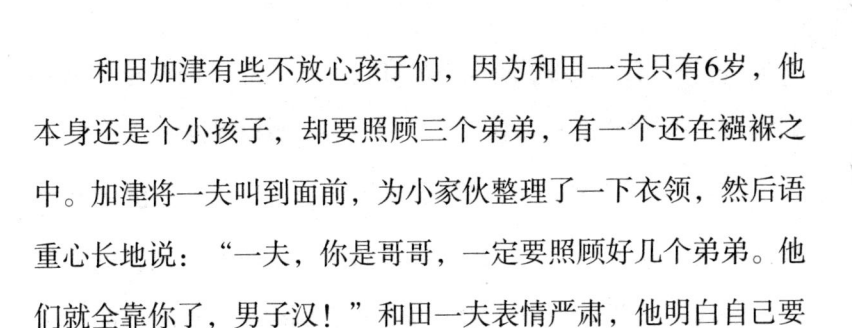

和田加津有些不放心孩子们，因为和田一夫只有6岁，他本身还是个小孩子，却要照顾三个弟弟，有一个还在襁褓之中。加津将一夫叫到面前，为小家伙整理了一下衣领，然后语重心长地说："一夫，你是哥哥，一定要照顾好几个弟弟。他们就全靠你了，男子汉！"和田一夫表情严肃，他明白自己要做一个小大人，今天的责任重大。

和田夫妇去镇子上完货，发现一个危险的事实——台风提前登陆了。一时间狂风大作，吹得天昏地暗。夫妇俩真是心急如焚，归心似箭。但是他们紧赶慢赶，直到半夜才赶回家中，一路上，两个人都在担心家里的孩子们。到家之后，加津连忙进屋一看，发现家里一切照旧，和田一夫在煤油灯下做着作业，而他的几个弟弟已经在床上睡着了。

和田加津围着屋子看看，发现货物并没有被淋湿，于是彻底放心了。她发现和田一夫是一个有主见，值得托付大事的好孩子。

原来，当台风袭来之前，和田一夫望着乌云密布的天，心里有一丝慌乱，毕竟他还只是个6岁的孩子，但是听到了弟弟们的声音，一夫的心神又定了下来，他决定做爸爸妈妈的好帮手，完成守护"蔬菜屋"和照顾弟弟们的任务。

和田一夫先是招呼两个大一些的弟弟，说要和他们做游戏，游戏的名字叫蚂蚁搬家。大家一起将屋外的蔬菜水果运回家，搬得最多、最快的人，奖励一个红苹果。三个小家伙七手八脚地将货物都运回了屋，然后和田一夫宣布，两个小弟弟并列冠军，每人得到了一份冠军奖励——一只红苹果。

和田一夫又发现，家里的窗户没关上，这时候已经开始稀稀拉拉地掉雨点了，一夫马上宣布第二个游戏开始，名字叫"谁是大力士"。三个兄弟又齐心协力将屋子的窗户都关上了。这次三个人并列冠军，奖品是每人一个西红柿。

之后，和田一夫搂着三个弟弟上床、盖好被子。外面风雨大作，屋子里和田一夫给弟弟们讲三只小猪的故事。弟弟们睡着了，和田一夫才轻手轻脚地来到书桌前，开始写家庭作业。

听着和田一夫断断续续的讲述，和田加津忍不住流下了热泪。她搂着目光坚毅的和田一夫，觉得一夫不是一个寻常的孩子，一般情况下，同年龄的孩子往往会手足无措，或者大声哭闹，而和田一夫遇事不乱，机智沉着地处理好了这场突发事件。加津高兴的并不是一夫能为家里做事了，而是发现儿子有一种男子汉的责任感，是一个可以依靠的小大人了。更重要的是，和田一夫展现出了过人的解决问题的能力，这是一般孩子身上并不具备的。

和田加津是一位有远见的母亲，后来，和田一夫正是凭借着这种处变不惊的素质和灵活解决问题的能力，畅游于商海，成为八佰伴零售帝国的一代掌舵人。

中国古代有司马光砸缸救人的典故，和田一夫也和司马光一样，懂得变通之术，这是难能可贵的。一个人的成长，往往就在一瞬间，而且往往要看面临险情之时的应对表现，如果应对自如的话，自然也能应付今后人生道路上的风风雨雨了。

第四节　杂货郎也有春天

在真实的生命里，每桩伟业都由信心开始，并由信心驱使人跨出第一步。

——奥格斯特·冯·史勒格

和田一夫是一个十分勤奋的孩子，在学校读书期间，每门功课成绩都是优秀，深受老师和同学的喜爱。一夫也是和田家的骄傲，邻居们都说和田一夫一定会有出息。

但是有一天，和田一夫回家晚了半小时，而且衣冠不整，脸上有一些瘀青。母亲看见和田一夫这个模样，又心疼又生气，忙问孩子："到底发生了什么事情？这么大了还让家里担心，回家晚了不说，身上还弄得脏兮兮的。"

没想到和田一夫听了妈妈的话，又委屈又难过，他扑到母亲的怀里呜呜地哭了起来，一边擦眼泪一边说："妈妈，我们为什么要开这间杂货店呢？"

和田加津正给一夫擦拭脸上的伤口，听到一夫的问题，她愣住了，想了想然后对孩子说："可是，我们不做这些，那能做些什么呢？我们全家的生活，全靠这个杂货店了。"

和田一夫仰起脸，不解地问母亲："那为什么不能像别的家长一样，做一些体面的工作呢？咱们家开杂货店，我在班里都抬不起头来。"

和田加津终于明白了一夫为什么哭泣，原来，和田一夫每次考试都是班级的最高分，班上的其他同学看学习成绩比不过和田一夫，感到很不服气，就在放学的路上堵住了和田一夫，"你不过是个杂货店的卖货郎，有什么了不起的？学习成绩好，会不会是因为你妈妈拿着东西贿赂了老师？我们怀疑你提前知道了考试题。"

和田一夫生性倔强，哪里受得了这种讥讽？他像一只愤怒的豹子，向那个喋喋不休羞辱自己的同学扑去。两个人扭打在一起。虽然一夫势单力薄落了下风，但是他依然勇敢地搏斗，对方虽然人多势众，但是，被和田一夫的气势震慑住了，纷纷抱头鼠窜。

和田一夫这时候才想起母亲的教诲："永远不要在外边惹是生非，要做一个老实人。"但是和田一夫也是一个血气方刚的"小伙子"，为了自己和家族的尊严，他根本顾不上身体瘦弱，勇敢地迎向了对手。

和田加津听了和田一夫断断续续的哭诉，明白了刚才儿子为什么那样问，她抚摸着孩子的脸颊，神情凝重地说："我的孩子，你勇敢地维护了家族的尊严，虽然打架的方式不对，但是勇气可嘉。不过你要永远记住，最大的勇气并不是用所谓的武力解决问题，而是用智慧，用更大的成就回击流言蜚语。"

和田加津顿了顿，见和田一夫眼睛眨了眨，好像听懂了自己的话，于是满意地点点头，接着说："一夫，还有个问题，你问咱们家为什么要开杂货店？这说明在你的内心里，也认为我们的工作是低贱的工作，可是，都是凭力气吃饭，我们没什么丢人的。不管贫穷还是富有，一夫要记住，我们在精神上永远是平等的。"

很多年以后，和田一夫还能回想起母亲的教诲，觉得母亲的一席话，比他在学校里学到的知识还有用，因为妈妈告诉他两个朴素的真理——人，是平等的；人需要奋斗的精神。

1987年，已年近半百的和田一夫，在早稻田大学演讲的时候，对着台下的几千名学子，动情地说："我母亲，是我人生中第一个老师，她并没有多少文化，但是她用自己的一生告诉我，杂货郎并没有什么可耻的，但是，一辈子做杂货郎就有些对不起自己的努力了。"

第五节　梦想与幻想

> 不要让孩子们去空谈崇高的理想，让这些理想存在于幼小心灵的热情激荡之中，存在于激奋的情感和行动之中，存在于爱和恨、忠诚和不妥协的精神之中。
>
> ——苏霍姆林斯基

和田一夫写过一篇关于理想的课堂作文，在作文中他用激昂的口吻写到："我是和田家的男子汉，一个男人最大的责任就是为国效力，而为国效力的途径就是做外交官，代表国家和天下诸国打交道，维护国家权益，维持世界和平。男儿志兮天下事，但有进兮不有止。"

和田一夫的理想就是成为一名出色的外交官。在他眼中，这是男子汉最伟大的事业。他时常为自己的理想和实现理想的激情所激荡着，他甚至为自己设计了一条通向外交大臣一职的奋斗路线图——先学好外语，然后考取入东京外事学院的英语专业，因为那里是当时全日本培养外交官的最高学府。

为了实现自己的理想，和田一夫制订了一个严格的英语学习计划。他每天早晨五点起床，开始朗读英语课文，以致嘴角都磨出了泡。为了给自己创造一种语言环境，他用妈妈记账的账本，裁出一张张小纸条，上面写满了英文单词，然后又逐个贴在了家里的各个角落。每天进出家门，和田一夫都要口念、手写英文。

这些扎实的基本功，虽然没有帮助他成为一名外交官，但是却帮助他带领八佰伴公司走向了国际舞台，当大多数日本人还不习惯用英文和外国人交流的时候，和田一夫已经能用地道的英文和对手展开谈判。很多外国公司的业务经理惊讶地发现，无论是语言还是思维，和田一夫都能站在国际化的角度上。他们哪里知道，和田一夫小时候下了如此多的苦功。

这或许是一种无心插柳柳成荫的结局吧，努力了，当时也许不会有什么收获，但是一定会在未来的某个时刻得到回报。

和田加津十分了解儿子的理想，她看着一夫能靠实际行动，迈向自己的理想高峰，心里觉得十分欣慰。但是冷静下来一分析，她觉得一夫的理想有些不切实际。在当前情形下，最重要的是脚踏实地地挣钱、持家。

和田加津将儿子叫到面前，严肃地说："孩子，听说你的理想是做一个外交官。是吗，一夫？"

和田一夫觉得妈妈一定会支持自己实现理想，于是兴冲冲地点头："是的妈妈，这是我毕生的追求，如果能实现这个理想，我一定做一个为国效力的男子汉！"和田一夫小小的年纪

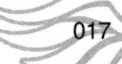

就志存高远，他好像已经看到了自己的未来——西装革履，在国际舞台上呼风唤雨。

母亲看着踌躇满志的儿子，不忍心打消他的积极性，于是委婉地说："孩子，我理解你的志向，但是作为家里的长子，你应该继承我们小小的家业，承担起振兴家业的责任，最重要的是，你还有几个小弟弟……"

母亲的话对和田一夫来说，不啻于当头一棒，因为他实在想不通，为什么自己要被"囚禁"在这个小小的杂货店里，做一个永远的"杂货郎"。想到这些，他觉得自己的未来很渺茫，他根本看不清自己的出路在哪里。

和田加津看着眼前失望至极的儿子，不由得一阵阵心痛：让这个意气风发的小伙子突然放弃一生的梦想，实在是有些残忍。不过现实好像一幅残酷的图画，不停地在她的眼前晃动，于是，她对和田一夫说出了内心里最真实的想法："孩子，你想成为外交官，这是很伟大的理想，妈妈也支持你。不过现实条件实在是不允许你有这样的梦想，你想想看，我们国家是二战的战败国，军事和经济都没有什么说话的权利，你是替我们国家说话的，到时候不成了一个穿着西装的哑巴吗？那你又有什么前途呢？"

和田加津虽然没接受过什么正规教育，不过有着庄稼人最朴素的人生智慧，她凭借着直觉，指导儿子进行命运的选择。是啊，当时正是第二次世界大战之后的动荡时期，日本国内经济萎靡，物价飞涨，正是做生意的好时机，相反，根据战后的各种协议，日本在国际社会上没有任何话语权。所以，加津的意见是中肯的。和田一夫经过思考，也觉得妈妈的话很有道理。

和田一夫默不作声，在沉默了两天之后，他走到母亲面前，向妈妈鞠了一躬，然后眼圈一红，动情地说："妈妈，我知道您是为了我好。经过一番思考，我想通了，今后要放弃做外交官的理想，做一个务实的经济学家。"

虽然嘴上说想通了，但是直到晚年，和田一夫仍然对自己没能实现理想而耿耿于怀，他总是按照一名外交官的标准要求自己，出门的时候，永远西装笔挺，皮鞋锃亮。这种对穿着的重视和彬彬有礼的言行，无形中为和田一夫的形象加分不少，这或许也是理想对他的一种额外恩赐吧。

和田一夫也不断对自己的后人提起少年时期的理想，他说："我虽然没有成为一名外交官，但是我并不怨恨自己的母亲，相反，我要感谢她，她让我明白了一个道理，梦想如果不能和现实结合在一起，就永远只是虚无缥缈的幻想。再说，我现在从事商业营销工作，是商业领域的外交官。我不仅销售日本的产品，还传扬坚忍而执着的日本精神。"

是啊，和田一夫少年时的理想，成了他不断进取的原动力。虽然梦想没有开花结果，但是梦想的种子已经深植于和田一夫心中，不断激励着他勇往直前。

第六节　心灵之约

反躬自省和沉思默想都会充实我们的头脑。

——巴尔扎克

和田一夫放弃了做一名外交官的梦想，到日本大学的预科班学习，准备考取日本大学的经济系。在和田一夫看来，要为家族的事业放弃自己的梦想，虽然是理性的选择，但是仍然让他感到很沮丧，所以他每天都无精打采的。

这时，一场突如其来的思想大辩论，改变了和田一夫的人生。

20世纪40年代末的日本，刚从战争的废墟上站立起来，诸多主义和思潮接踵而至，日本的青年都在反思战争的起因和日本该走向何方等问题。日本大学就是传播这些不同思想观念的"大本营"。每到夜晚，学校的礼堂和教室总是挤满了热血沸腾的青年学子，他们在那里进行各种思想的辩论和交锋。

一天晚上，无所事事的和田一夫信步来到了礼堂，听了一个关于激进主义的演讲，台上一个青年在卖力地讲解着一些新名词，和田一夫发现他所讲的内容，正是自己百思不得其解的问题。剥削、经济压迫、杂货郎、反抗等新名词，好像是意识流电影一样，在和田一夫的脑海里翻腾。

和田一夫在当天的日记中，用愤怒的口吻写到："杂货郎，这种侮辱性的叫法看来一点也没有错，我就应该得到这种污蔑性的称呼，因为我在替父母赎罪，他们的商店，从本质上来说是一种奸商行为，我们全家都是剥削人民的寄生虫。"这时候，这些充满着激情的文字已经让和田一夫忘乎所以，他甚至想用暴力的手段推翻当时的肮脏世界，建设一个没有剥削和压迫的新世界。

这时的和田一夫已经完全丧失了理智，他根本没有意识到，自己也是贫苦出身，家庭所得的收入也仅仅能够维持温饱而已。青春的荷尔蒙和激进的思想融合在一起，让和田一夫变得狂躁不安，他参加了激进的青年组织。有一次，为了抗议学校增加学费，他们在学校里贴标语、打砸教室。终于，学校对和田一夫做出了勒令退学的决定。

当退学通知书送到和田一夫家里的时候，家里人都震惊了。他们都不理解这个看起来懂事的孩子，怎么会堕落到今天这个地步。和田良平与加津相对无言，长吁短叹。两个人的心里难受极了，和田良平低垂着头，拼命吸烟。而加津则陷入了沉思，她缓缓地对丈夫说："我们的孩子有了错，主要的责任于我。我整天忙着养家糊口，却没想到处在青春期的一夫，会做出这么极端的事情。"

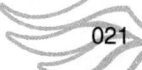

良平对一夫也是失望至极,他说:"可是,这个犯了错的孩子,该怎么教育呢?要知道,一夫认准的事情,就是九头牛也拉不回来。"

加津说:"我看,一夫之所以跟着一群人胡作非为,都是因为他没有什么信仰,在这个关键时刻,我们不能放弃他,我们只要拉他一把,就会让他重新做人,我们就把他送到心灵之家吧。"

心灵之家,是热海市的一个半宗教、半医疗的社区组织,主要由一些志愿者组成的精神导师团在这里疏导问题青少年的思想。

和田一夫被安排住在心灵之家的一间小屋子里,这里陈设简单,四壁洁白无瑕,只有一张床和一张书桌,桌子上放着一本书,名字叫《什么是生命的真谛》。这本书的作者是心灵之家的一位导师谷口亚春。

和田一夫刚住进心灵之家的时候,是怀着抵触和抗拒的心态去的,他一心想着自己的激进思想,所以根本没去看这本书。可是,和田一夫又疑惑了,自己来到心灵之家已经半个多月了,可是导师和心灵之家的成员并没有什么聚会,更不组织什么学习,每天只是吃饭、读书、冥想。偶尔的交流活动,也是大家心平气和地阐发和讨论一些生活心得和体验。

和田一夫的心灵导师叫山行龙章,他每天和一夫进行思想的交流。一天,他又来到了一夫的房间。

"怎么样？一夫，这本书看得怎么样了？"

和田一夫正满腹牢骚，他本来想将自己的激进思想和盘托出，可是如今面对沉静似水的精神导师，犹如长矛扎进了棉花堆里，有力气使不上。于是，他慷慨陈词，痛陈社会的不平等和自己的政治主张。

山行龙章静静地听着，等和田一夫说完了，才缓缓地说："你说的都对，但是我只想问你几句话，还记得你小时候，大家叫你杂货郎吗？你的父母靠劳动吃饭，这样有什么错误呢？你想砸烂这个旧世界，但是你想想，如果我们能用知识和健全的人格，来感染更多的人，不是更好吗？我们除了暴力以外，还有没有更好的办法呢？"

和田一夫本来一股脑地说出了自己的心声，好像是泄洪一样，无比地畅快，可后来听了导师的话，他的心理又发生了变化，觉得安静了许多。当天晚上，他鬼使神差地打开了书桌上的《什么是生命的真谛》。读了一页，他就再也放不下了。

这本书讲述的是如何与人交往，如何看待世间的各种磨难。它主张以爱来化解世间的仇恨，主张自我的修行，以冥想的方式抵达心灵的彼岸。书中，谷口亚春认为，人生的真谛，就是以有限的生命来赴一次心灵之约。

在心灵之家读书静养了半年之后，和田一夫回到了家里，家人发现一夫发生了彻底变化，先前的戾气不见了，神情平静，脸上总是洋溢着幸福的微笑。一夫来到家门前，跪倒在

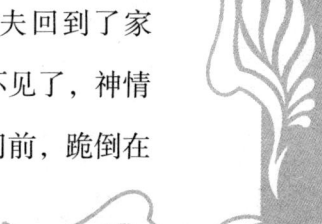

地，恳求父母的原谅。

"爸爸妈妈，我错了。如果您能原谅我，我要做一个全新的自己。您看我以后的表现吧！"

和田良平与和田加津欣喜地发现，和田一夫已经发生了重大的蜕变。他从一个懵懂无知、桀骜不驯的少年，变成了有博爱思想的成熟男人。

和田一夫在晚年回忆起那段经历的时候，无限感慨地说："我要感谢我的父母，还有我的心灵导师，是他们一心一意地拯救我，在我人生转弯的时候没有放弃我，与其说我获得了成功，不如说我在赴心灵之约的路上，走得更坦然了。"

第七节　走向新生的八佰伴

> 当一个人镇定地承受着一个又一个重大不幸时，他灵魂的美就闪耀出来。这并不是因为他对此没有感觉，而是因为他是一个具有高尚人格和英雄性格的人。
>
> ——亚里士多德

1950年4月13日对热海市市民来说，是一个永生难忘的日子。一些幸存者回忆起那场灾难，仍然心有余悸、痛不欲生。

那是一个平淡无奇的日子，小镇上的一切都如往常般平静，小镇的居民仍然早起开门做生意、洗漱、吃饭，开始一天的新生活。和田良平将钱袋子揣在怀里，要到市里采买些货物，而和田加津则要到学校里，为一夫的小弟弟办理入学的手续。临行前，她不放心家里，特意将一夫叫到眼前，对他说："一夫，家里就拜托你了，要照顾好我们的八佰伴。"和田一夫点了点头，从心灵之家学习归来后，和田一夫整个人的精神面貌都发生了变化，他更加沉稳、理智，成了家里的顶梁柱。

和田一夫独自坐在店里，趁着没有顾客的当口儿，摊开了导师的著作，开始沉思冥想。忽然，街上传来了一声震天巨响，接下来一道火光直冲天际，照得四周宛如火龙吐信——着大火了！街里乱得不能再乱了，到处是嘈杂的呼救声，还有急促的脚步声，接下来，四散奔逃的人群如潮水般涌过大街。

不到几分钟的光景，昔日繁华的热海市街头，就变成了一片火海，火龙过后，尽是残垣断壁和哀嚎的声音。

和田一夫素来性情沉稳，临危不乱。但是，他看到眼前突发的变故还是惊呆了，因为这一切来得太突然，让人来不及思考对策。这时，狂风裹挟着火舌已经窜至八佰伴蔬菜屋，和田一夫的头脑在快速思考对策，到底是抢救蔬菜屋的东西，还是自顾自逃命？但是情况紧急，房子的房梁已经被火烧掉了，和田一夫只好放弃抢救商店的努力，一个箭步冲出了房子，出门的一瞬间，八佰伴蔬菜屋就被烧塌了。

　　到了街上，和田一夫发现，周围已经聚集了近万人，这场空前的大火烧毁了一千多间商铺和民居，半个热海市的居民都无家可归了。而此时的和田一夫根本无暇顾及自己是否受伤，他心疼的是父母一生的心血，全家苦心经营了近二十年的八佰伴蔬菜屋也在这场大火中化为灰烬，而这个几乎和自己同龄的蔬菜屋，不仅让全家维持了温饱，在和田一夫的心里，它还意味着一种生命的记忆。可惜，这场大火让和田一夫心中的家园毁于一旦。

　　八佰伴蔬菜屋烧毁了，家也烧毁了。和田一夫和闻讯赶回来的父母，伫立在满目疮痍的废墟前，不由得相对饮泣，悲痛万分。而和田加津因为过度哀伤，数次晕厥过去。

　　和田一夫扶着母亲，在一个角落里坐下，聚拢火堆为家里人烧了一锅开水，当晚，全家人就露宿街头。夜深了，全家人依偎着昏昏沉沉睡去，和田一夫却无心睡眠。一开始的时候，他觉得天都塌下来了，一切全完了。多年的奋斗全部付之一炬，要想东山再起，又谈何容易？

　　忽然，和田一夫仰起头，第一次仰望苍穹，他发现漫天星斗、浩瀚银河依然悠游而行，仿佛热海市的惨剧没有发生过一样。这时，一颗绚丽的流星划过天际，和田一夫心有顿悟："在我看来，我的家没了，在热海市人看来，家园都没了，但是在宇宙的范围内，这又算得了什么？我们不过是沧海一粟，我们的人生也不过是白驹过隙，如果就此沉沦，我们和路边的昆虫又有什么区别呢？"

和田一夫第一次体会到了个体的脆弱和渺小。他忽然领悟了心灵之家里导师的话，感叹道："既然这个无情的世界能毁灭我们的八佰伴，我们为什么不能重建我们的家园呢？我们要和这个世界对话，而不是对抗，世界对我们越是残忍，我们就越是要微笑着活下去，我要让八佰伴商店成为全日本，乃至全世界最好的零售商店。"

人生的际遇，往往瞬息万变，人生的机遇，也往往从困境中来。第二天清早，当家里人还沉浸在失去家园的痛苦之中的时候，和田一夫已经在八佰伴旧址周围徘徊，思考着重建家园的方法。

和田一夫沿着遭遇浩劫之后的小路，寻找着重振家业的契机。他发现有一个旧仓库竟然在大火中奇迹般地毫发无损，于是他抢先一步，先租下了这间仓库。当人们还在清理废墟的时候，八佰伴蔬菜屋的招牌已经挂了出去，成为废墟中的热海市第一个营业的商店。

人们都惊讶地注视着和田一夫的一举一动，他的脸上洋溢着平和的神情，完全没有丧失家园的悲戚之色，人们都敬佩和田一夫战胜困难、重建家园的勇气，纷纷来到八佰伴商店，购买货物，交流信息。

于是，八佰伴商店成为热海市的精神象征，和田一夫在一个简陋的仓库里创造了奇迹，蔬菜和水果齐全，服务态度仍然谦和热情，于是，更多的人拥向了八佰伴蔬菜屋。

和田一夫并没有发不义之财，八佰伴的商品还是灾前的价格，质量还是上乘的。人们都交口称赞："八佰伴都没有倒，我们要有信心，战胜眼前的困难。"和田良平和加津夫妇看着儿子忙碌的身影，不禁露出了欣慰的笑容，虽然家没了，商店烧毁了，但是一夫仿佛一夜间长大了许多。八佰伴商店又有了重振的希望。

和田一夫没有时间悲伤，他每天脚步匆匆。他决心从头再来，一切从零开始。他要在一张白纸上，描绘灿烂的未来。

凭借灾后营业的收入，以及和田家的良好信誉，和田一夫很快筹集到了足够的钱，开始建造新的家园，三个月的时间，新居落成了，和田良平夫妇惊讶地发现，新家和新八佰伴商店不仅更加宽敞明亮，面积也比灾前扩大了数倍。

当和田一夫一家把"八佰伴商店"几个烫金的大牌匾挂在门口的时候，和田一夫不禁泪如雨下，他频频鞠躬感谢街坊亲友的鼎力相助，又双手向天，默默祈祷。没有人知道，正是苍穹的一种神秘力量，带给了和田一夫勇气与信心，让他与全家重新站立起来。

八佰伴终于浴火重生，和田一夫亲自督建的新店址，后来成了八佰伴国际集团总公司的办公室。

和田一夫后来和家人、亲友无数次地提起这次大火，他饱含深情地说:"一场大火,当然让我们成为不幸的人,我们家变得一无所有;但是从另一个方面讲,我们还要感谢这场大火,如果没有这场灾难,我们也不会有决心建造更大规模的商店,八佰伴或许还只是街口的一间杂货店而已,永远也不会成为今天的国际化公司,所以说,福祸相依、不破不立。"

和田一夫的话,极富人生的哲理,这种浴火重生的勇气和执着创业的信念,成了八佰伴公司的企业文化与核心观念。这种信念不仅让和田一家在废墟中重新站立起来,更让八佰伴公司在今后的商海浮沉中,勇于开拓、不畏艰难,永远屹立于商海的潮头之上。

正如松下幸之助所说:"逆境给人宝贵的磨炼机会。只有经得起环境考验的人,才能算是真正的强者。自古以来的伟人,大多是抱着不屈不挠的精神,从逆境中挣扎奋斗过来的。"

YAOHAN

第二章　环太平洋的梦想

- ■ 第一节　生存还是毁灭
- ■ 第二节　台风事件和南风法则
- ■ 第三节　我们需要一个梦想
- ■ 第四节　失败也是人生的财富
- ■ 第五节　风物长宜放眼量
- ■ 第六节　以彼之道还治彼身
- ■ 第七节　一双袜子带来的商机
- ■ 第八节　服务是一门艺术
- ■ 第九节　豆沙包攻略
- ■ 第十节　废墟之上的商机

YAOHAN

第一节　生存还是毁灭

> 什么是路？路就是从没路的地方践踏出来的，从只有荆棘的地方开辟出来的。
>
> ——鲁迅

和田一夫说："一个超级市场的经营理念，最重要的就是为顾客提供物美价廉的商品，如果能从顾客的角度思考问题，处处为他们着想，真正实现货真价实、童叟无欺，那么我们的事业就会财源不断、欣欣向荣。一旦我们欺骗顾客一时，顾客会抛弃我们一世。"

热海市是个四季分明的好地方，它位于伊豆半岛的北端，面对着浩瀚的太平洋的八面来风，距离国际大都市东京只有100多里的距离。因为境内有闻名世界的温泉，热海又被称为东京和大阪的"城市之肾"。每到假期，附近大都市的游客蜂拥而至，泡温泉、赏樱花成为当时最时尚的休闲活动。

因此，热海市商业也极为发达，八佰伴商店的大客户之中，就有诸多日式旅馆，因为他们是蔬菜水果消费的终端。为几个大旅店供应水果蔬菜的利润要远远大于零售的利润。但是，这个行业有一个不成文的行规：历来是由供应水果蔬菜的商店垫付货款，旅店都是赊欠货款，有时候还会形成一种难解的三角债。

这样就催生了一种经营的怪圈：旅店随意提价，供应商也相应提价，热海市的零售业一片虚假繁荣，热海也成为全日本物价最贵的地区，这也严重限制了热海市旅游业的发展。

在热海市，这种怪现象存在已久，大家也见怪不怪了，因为谁要做第一个吃螃蟹的人，破坏了行业的潜规则，谁就会成为众矢之的。俗话说，出头的椽子先烂，大家虽然都知道赊账和高物价是热海的通病，但是都敢怒不敢言，默默承受着高成本和高投入。

不过，年轻的和田一夫并不想一辈子生活在这种怪圈里，他血气方刚，不知畏惧，想打破这个奇怪的行规。因为他发现，赊账会导致资金周转不畅，物资也缺乏流动性，长此以往会形成一种恶性循环，严重打击供应商的积极性，削减商家的利润。

和田一夫觉得父母都是老实本分的经营者，不会同意自己的疯狂计划，于是他将所有的愤懑和不满埋藏在心里，一直想找个机会打破行业潜规则，实现自己"公平经商"的理想。

机会终于来了，和田一夫所说的福祸相依辩证法发挥了作用。那场冲天大火烧毁了热海市的大部分商铺，也带来了改革行业流弊的契机。

大火之后，热海市的旅游业一落千丈，往日络绎不绝的游客不见了，各大旅店也都门可罗雀，有着连带关系的水果蔬菜店更是门庭冷落。不仅如此，旅店和商店之间还存在着赊欠的三角债，让各个商店苦不堪言。而八佰伴也被旅店拖欠了一大笔债务。

大家都忧心忡忡，一方面，整饬市场秩序是当下的要务，另一方面，如果不能打破目前的僵局，大家都要面临破产的窘境。

这时，仿佛是苍天眷顾，和田一夫参加了一个由经济学者发起的研讨会，在会上，和田一夫激动地发现，专家的演讲和自己的思路不谋而合："在商业活动中，重要的不仅仅是赚钱，因为利益的欲望是无穷无尽的，更重要的是为顾客要带来快乐的购物体验，批发的配货交易固然利润可观，而如果能降低成本，以廉价优质的商品吸引更多的零售现款交易，也会走上兴旺之路。"

和田一夫记住了几个关键词——快乐购物、廉价零售、现款交易。他如获至宝，回家之后就召开了小型的家庭会议，向家里人传达了这次会议的收获。

家里人大都同意和田一夫的意见，只有父亲和田良平忧心忡忡地说："这恐怕不行，我们要是先提出现款交易，恐怕会引起众怒，如果各商家联合起来抵制我们，我们恐怕只有破产一条路可走了。我不能拿着几十年的家业以卵击石，去搞所谓的改革。"

父亲的话,犹如冷水浇头,让刚才还群情激愤的会议,气氛一下子沉重了许多。

和田一夫突然站了起来,激动地说:"爸爸,要知道,我们如果顺从了规则,得到的是什么呢?近四百万元的欠款。现实的情况是,如果我们不改变,只会死得慢一点而已,如果我们能获得热海市消费者的支持,说不定能闯出一条活路来。"

大家都赞同和田一夫的提议,和田良平发现,儿子的话很有道理,如果只是一味地按照旧规矩办事,已经不能顺应时代的发展了,八佰伴还将继续重复赊账欠款的老路。他沉默不语,算是默认了儿子的大胆计划。

全家人都欢呼起来。虽然他们知道这个决定也许会给家族事业带来灭顶之灾,但是面对困境,如果没有壮士断腕的决绝,没有破釜沉舟的勇气,那么他们就只能做环境的奴隶,做一个彻头彻尾的失败者。

1955年11月1日,天气晴好,八佰伴蔬菜屋正式更名为八佰伴食品百货商场,同时,在新建的商店墙壁上贴着八佰伴的广告语——"我们保证货真价实,全市价格最低""如果你满意,请您告诉您的朋友,如果您不满意,请您告诉我""概不赊账,免开尊口;全年低价,快乐购物"。

商场一开门就迎来了如潮的顾客,有人甚至从几十公里之外前来采购货物。和田一夫对着赶来采访的记者说:"我们商

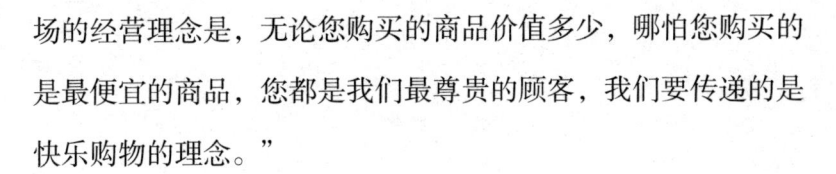

场的经营理念是，无论您购买的商品价值多少，哪怕您购买的是最便宜的商品，您都是我们最尊贵的顾客，我们要传递的是快乐购物的理念。"

借助媒介的传播，八佰伴的名声越来越响。虽然重新开业的前半年，一直是赔钱维持平价买卖，但是随着客流量的增大，以及与供应商签订的低价合同，八佰伴迅速实现了盈利。而热海市维持了几百年的赊账高价行规，也被和田家族的八佰伴给打破了。热海市重新成为旅游胜地之后，游客们惊奇地发现，热海的环境更美了，物价却照比之前低了很多，这一切都要归功于八佰伴的勇气和坚持。

莎士比亚名剧《哈姆雷特》中有句名言：生存还是毁灭，是个值得思考的问题。的确，八佰伴的成功证明，保守只会延迟衰败，而革新探索，说不定还真的可以闯出一条活路来。

第二节　台风事件和南风法则

> 爱是一种无私的奉献，犹如灿烂充满朝气的太阳，给人温暖、力量和希望。你我的爱心像蜡烛，只要燃烧起来，就会温暖人心，照亮你我的生活。
>
> ——聂鲁达

1958年9月，一场几十年不遇的台风席卷了日本，也留下了一段商业传奇。

这一天，和田一夫开着货车，准备到附近的城镇采购些蔬菜。因为台风的到来势必会造成交通堵塞甚至作物减产，所以，未雨绸缪是商家必须要做的。山雨欲来风满楼，虽然台风还没有到来，但是收到台风警报的菜农，大多足不出户，在家里发愁，采摘下来的蔬菜眼看着要烂在手里，能不着急吗？

和田一夫的到来，让这些菜农喜出望外，他们纷纷以低于平常的价格向一夫销售蔬菜，因为在他们看来，与其烂在手里，不如低价出售。和田一夫望着眼前的几吨新鲜蔬菜，不禁露出了欣喜的微笑，而菜农们也对和田一夫表示了衷心的感谢："谢谢，我们总算看到了希望。"

和田一夫连忙鞠躬致意："我也有所收获，应该说谢谢的是我。承蒙关照，多谢！"

可是，这种喜悦很快就被骤然而至的台风冲散了。在回家的路上，和田一夫不禁紧皱眉头，因为重型货车在风雨飘摇的路上，好似汪洋中的一条船。海水已经漫过了防波堤，涌上了大路。和田一夫镇静自若，左躲右闪，经过近10个小时的跋涉，终于在半夜回到了家里。

家里人全部迎出来，和田一夫和母亲紧紧拥抱在一起，大家都流下了激动的泪水，因为在这条险途上，一夫稍不留神就有可能同家人阴阳两隔。和田一夫死里逃生，怎能不让人激动不已呢？

让人高兴的，除了和田一夫平安归来之外，这车新鲜蔬菜更是无价之宝，因为这样的恶劣天气，和田一夫冒着生命危险拉回来的货物，简直和金子一样珍贵。

第二天早晨，台风过后的热海市一片狼藉。和田一夫来到菜市场摸摸蔬菜的行情，他发现出摊的商户稀稀拉拉，而且价格和平时相比至少提高了十倍。和田一夫心里盘算，自己的一车蔬菜如果在这个时候脱手，将有一笔不菲的收入。要知道，这次台风对热海附近的影响是巨大的，因为交通几近瘫痪，清理道路工作至少需要一周的时间，所以，这是一个千载难逢的发财良机。

这时，和田一夫的心里想的并不是眼前的利润，而是八佰伴超市的长远发展，他决定冒险做一次尝试。

他给热海市的各大蔬菜批发商打电话，以高价收购他们手中的货物，而他自己家里的货仓都存放着满满的各式蔬菜。大家都搞不懂和田一夫的葫芦里卖的是什么药。大家开始议论纷纷：有人猜测和田一夫要囤积居奇，要趁着行情看涨，趁机抬高零售价格，也有人认为商业的法则就是物以稀为贵，和田一夫靠着拼命运回来的蔬菜，卖些高价，也是理所应当的事情。

在外界众说纷纭的时候，和田家的家庭会议也正开得热火朝天。

和田一夫清了清嗓子，严肃地说："我们今天要讨论一下蔬菜的定价问题，大家的意见我也能猜到，这是个发财的好机会，但是，我想按照台风前的价格出售这批货物。"

和田一夫说完，将问询的目光投向了大家，因为他知道，这次定价问题一定会引起激烈的讨论。但是他决心已下，因为在他的计划中，要将八佰伴公司打造成为一流的企业，一定要有独特的企业文化。要想将八佰伴"顾客至上"的口碑传遍四方，牺牲眼前这些蝇头小利还是非常值得的。

没想到，和田一夫的建议得到了大家的一致支持。和田加津的眼里含着泪光，她激动地说："一夫，你做得对，你没忘了街坊们对我们的帮助，俗话说得好，做人不能忘本。那场大火几乎烧光了我们的家业，是大家帮助我们渡过了难关，所以，这次是我们报恩的时候，我们不能发这种不义之财。"

和田一夫找来了纸笔，亲手写了一条广告："台风无情人有情，人心珍贵金钱轻——本店低价销售时新蔬菜。"

和田一夫这一令人震惊的做法，在热海市迅速传播开来，人们都不敢相信自己的耳朵，在交通堵塞、物价飞涨之际，八佰伴超市依然能以低价出售蔬菜，简直是及时雨，解决了各位家庭主妇的燃眉之急。

八佰伴超市的门口聚集了一大群闻讯赶来的顾客，和田一夫家忙得团团转。

巧的是，这天是传统的中秋佳节，当十五的月亮升起来的时候，商店里仍然人满为患。和田一夫目睹此情此景，觉得自己的决策是英明的，于是他灵机一动，跳上了收银台，对着熙熙攘攘的人流高声喊道："诸位朋友，今天是中秋之夜，本店谢谢您的惠顾。从即刻起，如果您能为本店和您的家人送上一句祝福的话，所有商品一律九折。"

突如其来的优惠形式，更让大家激动。原来还犹豫不决的顾客，都涌向了八佰伴超市，使这一天超市的营业额比平时提高了近十倍。每个走出超市的人，都对和田一夫的"再优惠策略"赞不绝口，在这个台风肆虐之后的中秋之夜，顾客们享受到了购物的乐趣和浓浓的暖意。所以，当他们走出八佰伴超市的时候，就成了八佰伴最好的义务宣传员和忠实的客户。

这之后，很多家庭主妇都习惯于来到八佰伴超市购物，因为她们觉得这间超市是一个讲商业道德的超市，这都归功于八佰伴倡导的快乐购物与平价消费。一个家庭主妇带来的影响是巨大的，因为她影响的是整整一个家庭，甚至是一个家族的日常消费。和田一夫在危机到来的时候，并没有像其他商店那样趁火打劫，哄抬物价，而是采用了低价供应的策略，真可谓棋高一着，在短期内聚拢了超高的人气。直到多年以后，热海的居民还在津津乐道和田一夫的不凡之举，而八佰伴超市的良好诚信形象也迅速地传遍了全日本。

而那些在台风到来之际哄抬物价的商店，蒙受了沉痛的打击。先前的老顾客都"移情别恋"，成为了八佰伴超市的忠实拥趸，这些无良商家为自己的短视和无良行为付出了沉痛的代价。

有一则寓言，说的是南风和北风比赛，看看人们更喜欢谁，北风想用强力获得人们的喜爱，就吹起了猛烈的强风，而人们并不买账，都紧闭家门、怨声载道。而南风则以和煦的春风吹向了人们，于是大家喜笑颜开，纷纷来到郊外欢度美好时光。

和田一夫和他的八佰伴，将台风事件带来的不利影响，化解为一次营销机遇，从而一战成名。从此，诚信和谐，成为八佰伴公司的企业文化。

第三节　我们需要一个梦想

> 现实是此岸，理想是彼岸，中间隔着湍急的河流，行动则是架在河上的桥梁。
>
> ——克雷洛夫

1961年，和田一夫参加了一个访问团，到美国考察超市和百货商店，学习那里先进的管理经验。

在登上出国飞机的前夜，和田一夫彻夜难眠，他小时候的梦想就是成为一名为国效力的外交官，而今天，终于梦想成真了——他已经可以作为一个经济领域的使者到国外去展现日本公司经营者的风采了，他难免激动万分。说来也奇怪，和田一夫此时已届而立之年，早已经过了"激昂文字，粪土万户侯"的年纪，但是他心中始终涌动着一个梦想，有着一颗积极上进的心。

和田一夫形容自己是一个不合时宜的理想主义者，他本来已经衣食无忧了，八佰伴公司在日本已经是小有名气的企业了，照目前的发展速度，八佰伴公司用不了多久也会发展成为大公司。但是，在和田一夫的心中，始终有个"做日本第一零

售企业"的愿望，他的个性就是这样，要么不做，要做就做最好的那一个。

毕竟，一个人如果只在一个地方困守，难免偏安一隅，不思进取。所以，和田一夫要到国外去充实自己，拓展一下视野。和田一夫的美国之行，不仅是他本人的寻梦之旅，更是八佰伴公司发展的一个重要的转折点。

美国的零售业极为发达，诸多生活用品可以在一家超市中一站式购齐。和田一夫发现，这里的超市真正实现了八佰伴公司一直倡导的快乐购物。这里的消费者推着购物车，自由自在地在敞开式货架上选择商品，商场内放着柔和的轻音乐，收银台前结账的队伍井然有序。和田一夫觉得，这种模式可以移植到八佰伴公司的运营模式中去。

他发现日本的零售业还处于行业割据的状态，很多商店都是专门性质的商店，比如水果店、百货店、蔬菜店等等。八佰伴公司如果能将从婴儿用品到日常用品等商品都并置在一家超市内，这种巨无霸式的经营模式一定会成为日本百货业的主流模式。

半个月的考察很快就结束了，就在考察团的其他成员准备回国的时候，和田一夫办理了延期回国的签证，因为他觉得机会难得，他要在美国做一次真正的"小学生"，将老师的真本事学到手。

他找了一家普通的美国家庭，作为考察的根据地，这时

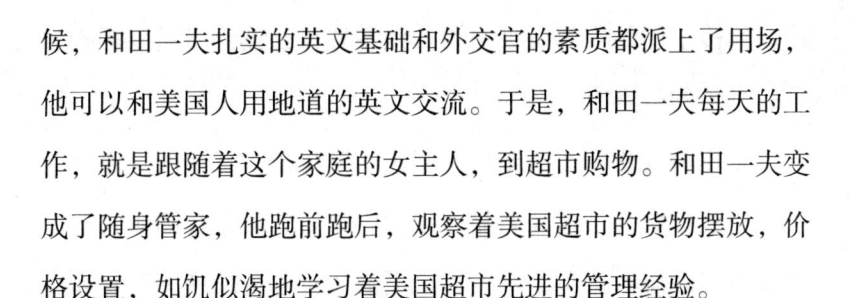

候，和田一夫扎实的英文基础和外交官的素质都派上了用场，他可以和美国人用地道的英文交流。于是，和田一夫每天的工作，就是跟随着这个家庭的女主人，到超市购物。和田一夫变成了随身管家，他跑前跑后，观察着美国超市的货物摆放，价格设置，如饥似渴地学习着美国超市先进的管理经验。

后来，他觉得从一个普通顾客的角度观察美国的超市，始终隔了一层纱，无法接触到真正的管理经验，于是，他拿着临时居住证，来到一家超市应聘，做起了一名超市普通员工。

白天，和田一夫以超市勤杂工的身份，参与货物的摆放和销售导购工作，他默默记录超市的采购和销售流程，下班回家后在笔记本上认真做着记录。在和田一夫的包里，放着三个大笔记本，密密麻麻地记录着三个月以来的工作心得，那里有超市进出货物的原始记录，更多的是和田一夫心灵感悟。

"先做学生，再做老师。如果不能沉下来，就不能升上去。"

"与其说是顾客选择货物，倒不如说是超市提供这种选择。我们的经营要有超前意识。"

看着自己三个多月来的心得，和田一夫觉得此行收获颇丰。他的签证也快到期了，于是和田一夫途经芝加哥转机回国。

在芝加哥的希尔顿酒店，和田一夫随手拿起了酒店免费提供阅读的《希尔顿自传》，他本来只是想随手翻翻，但是渐渐地，他被书中的内容所吸引了。他发现自己读到了足以影响自己后半生的一本书。

希尔顿先生只是一个白手起家的穷小子，从一间"木屋旅店"起家，成为举世闻名的连锁酒店大王。希尔顿酒店的业务遍及五湖四海，号称是这个星球上的"日不落的帝国"。和田一夫读后深受启发，觉得希尔顿先生的现代化经营理念无异于给自己开启了一扇窗户，希尔顿连锁酒店的经营模式会让任何一个企业迅速地成功。

另外，希尔顿先生的事迹也让和田一夫明白了一个道理：凡事只要有梦想，就算成功了一半，如果只是安于现状，得过且过，那么只会成为碌碌无为的平庸之辈。

和田一夫的美国之行，先是放下身段，虚心学习了先进的管理经验，又在阅读中提升了自己的精神境界，他反躬自省：自己是否全力以赴了？是否为了梦想而破釜沉舟？和田一夫将自己和希尔顿先生的"跨时空对话"，理解为一种思想上的缘分，就像自己少年时期在心灵之家一样。在人生的重要阶段，和田一夫的精神境界又有了新飞跃。

回国之后，踌躇满志的和田一夫将自己的访美心得与梦想规划，与家族成员和盘托出。他激动地说："通过这次访问，我发现了八佰伴公司发展的两个契机，一是采用一站式购物的模式，做强企业；二是采用连锁加盟的模式，做大企业。"

和田一夫仿佛看到了八佰伴公司灿烂的未来，他说：

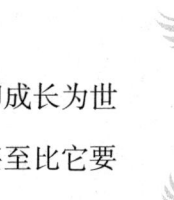

"希尔顿酒店不过是从小木屋起家的小公司，现在却成长为世界上最大的酒店连锁企业。我们的起点是一样的，甚至比它要略好一点，他们能做到的，我们为什么做不到呢？所以，一个人不怕走得慢，就怕看不远。只要有梦想，成功就永远不会遥遥无期。"

访美归来的和田一夫要大显身手，将八佰伴公司带上发展的快车道。一个超市航母，即将扬帆远航。

第四节　失败也是人生的财富

> 每个人心中都应有两盏灯，一盏是希望之灯；一盏是勇气之灯。有了这两盏灯，我们就不怕海上的黑暗和波涛的险恶。
>
> ——罗曼·罗兰

1962年，八佰伴百货股份有限公司正式成立，注册资本是1000万日元。和田一夫在成立庆祝大会上，当着各位来宾和全体员工的面，踌躇满志地致辞："我们的企业，必须志存高远。7年前，当我们从一个杂货店变为超市的时候，我们的目标是要成为站在富士山上就能看见的企业。而今天，当我们成为八佰伴股份公司的时候，我们的目标已经变为，成为站在太平洋上都就看见的连锁机构。"

和田一夫的话慷慨激昂，掷地有声。大家都沉浸在未来事业发展的宏图美景之中。

理想固然美好，但是现实需要脚踏实地地规划和奋斗，摆在和田一夫面前的首要问题是公司要选择哪条路发展：是一鼓作气走向全日本，还是稳扎稳打先从热海市向全国扩散呢？

经过反复思考，和田一夫觉得走向全国的想法固然很好，但是需要强大的资金支持，这显然是八佰伴公司的劣势。于是他决定实行步步为营的策略，以热海市为中心，向周边的田源市和伊东市扩散。

和田一夫开始了新的创业。

他先将自己从美国学来的管理经验应用到八佰伴的店面装修上。和田一夫发现，八佰伴过去的装修极为老旧，顶棚甚至安装的是昏黄的白炽灯，前来光顾的消费者多数是上了年纪的家庭妇女，他们的眼神往往不如年轻人，于是，和田一夫决定从灯饰上入手。他拆除了原先装修的低矮天棚，经过重新粉刷和装饰，统一安装上明亮无比的新式吊灯。这样顾客在选购商品的时候，心情就格外舒畅，而货物在灯光的照射下，也显得新鲜亮丽。

另外，和田一夫还将美国超市的各项设施，原封不动地搬到了八佰伴公司。比如便捷的购物车、开放式的货物摆放架、

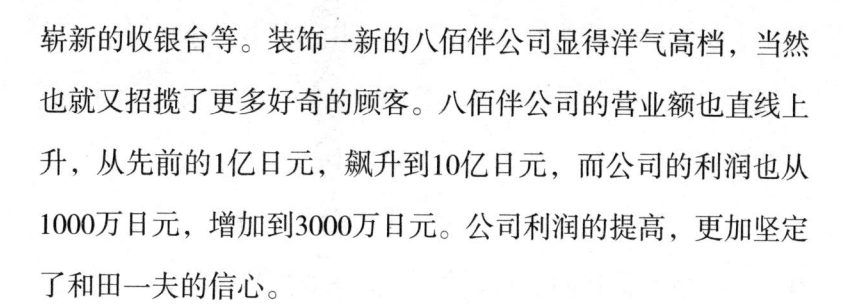

崭新的收银台等。装饰一新的八佰伴公司显得洋气高档，当然也就又招揽了更多好奇的顾客。八佰伴公司的营业额也直线上升，从先前的1亿日元，飙升到10亿日元，而公司的利润也从1000万日元，增加到3000万日元。公司利润的提高，更加坚定了和田一夫的信心。

这时候，他还不知道，未来有更大的挫折等待着他。

1966年，和田一夫在伊东市筹建了第一家分店。

"这才是八佰伴真正的分店，大家想想啊，我们要做环太平洋的连锁机构，就必须有创业的野心和气魄！"和田一夫这时有些志得意满，犯了兵家之大忌——骄傲轻敌。这种做事态度让和田加津忧心忡忡。她觉得儿子如今有些飘飘然，言语也有些轻佻，夸夸其谈的口气令人生厌。加津作为一个母亲，她的直觉是敏锐的。

于是，这个倔强的女人给儿子泼了冷水："一夫，做事还是小心驶得万年船，我们的公司刚刚起步，还是谨慎做事好一些。"

和田一夫没想到母亲竟然说这种泄气的话，心中有些不满意，可是表面上还是尊重母亲的意见，于是，他敷衍母亲说："您说得对，我现在有些昏头了。"话虽这么说，可是和田一夫在心里还是不服气，他觉得母亲的观念太保守了，有点不适应时代的发展了。

和田一夫和三弟和田黄昌对分店的开设信心满满，原因很简单,伊东紧挨着热海,八佰伴公司先前的各种惠民举措早就传遍了伊东。超市是做熟客生意的,于是,董事长一夫和总经理黄昌都沉浸在对未来成功的美梦之中。

伊东市的八佰伴分店刚开张,就给了和田一夫当头一棒。偌大的八佰伴超市,顾客稀少,显得冷冷清清,营业额更是少得可怜。

和田一夫百思不得其解,自己的经营理念是先进的,超市空间更是简洁大方,购物环境舒适无比,为什么客流量始终不大呢?和田一夫不禁反思起自己的经营策略来,俗话说,将军不打无准备之仗,自己犯了盲动冒进的错误,没有听母亲的良言相劝。认为靠着八佰伴的声誉就会无往而不利,终于遭遇了创业以来最大的"滑铁卢"。

和田一夫满脸羞愧,来到了母亲的房间。他低着头,嗫嚅道:"妈妈,我知道错了。"

和田加津仿佛早知道和田一夫会来一样,她淡定地看着儿子,叹了一口气:"一夫,知道错了就好。早点在错误的路上停住脚步,就是最大的胜利。"加津拿出了一个信封,交给了和田一夫。"我要说的话,都写在了里面,回去好好看看吧。"

和田一夫辞别了母亲,急匆匆地打开了信封,他以为里面会有什么锦囊妙计,没想到里面只有一张便条,上面写着两个字"货、人"。

看着妈妈的纸条，和田一夫百思不得其解，妈妈洞察世事，到底说的是什么呢？经过几天的市场调查，一夫终于明白了母亲的良苦用心。

原来，母亲说的"货"，指的是伊东市原有的两家超市——十全十美超市和长生超市，他们经营多年，在伊东市拥有良好的口碑和信誉，顾客都认准了这两家店，这种消费的思维定式短期内很难改变。要想取得突破，必须在货物的质量和价格上做文章，做到物美价廉，才能积累更好的口碑，战胜对手。

而"人"，指的是八佰伴公司的员工，在货物品种和价格相差无几的情况下，超市之间归根结底拼的是服务质量，是员工的素质和服务的意识。

有所觉悟的和田一夫，开始着手改变八佰伴的经营策略。首先，他拿出了百试不爽的价格法宝，率先在店外贴出了"本店商品是伊东市最低价"的广告语，然后派出员工，对那两家超市进行暗访，抄录价格清单，在学习他们先进经验的同时，广开货源，在货物的价格和新鲜度上做文章，很快就赢得了广泛的赞誉，顾客也渐渐地多了起来。

另外，和田一夫还在超市内专门开辟了一间"员工聊天室"，里面备好了各种食物和饮料，让员工在里面百无禁忌、畅所欲言，为八佰伴的发展献计献策。很快，就收到了良好的效果，八佰伴的服务质量有了显著的提高，顾客有了宾至如归的感觉。

改革之后的八佰伴超市，不仅硬件设施过硬，而且软件服务也得到了质的飞跃。终于，打赢了伊东商战的第一仗，走出了开店初期的失利阴影。

很多年以后，和田一夫还念念不忘自己年少轻狂的错误，他永远感谢母亲，因为在他最忘乎所以的时候，这个睿智的老人及时地挽救了他，用一个巴掌宽的纸条，让和田一夫走出了心灵的泥淖，也让八佰伴公司走出了经营的困境。对和田一夫来说，失败也未必是坏事，它也是人生的另一种财富。

看来，失败并不总是失去什么，只要你从中有所觉悟，就会得到更多。

第五节　风物长宜放眼量

> 丧失远见的人不是那些没有达到目标的人们，而往往是从目标旁溜过去的人们。
> ——拉罗什富科

富士山被称为日本的圣山，皑皑白雪终年覆盖于山顶，象征着纯洁与坚韧的日本国民精神。1974年，和田一夫将自己的八佰伴连锁店，开在了富士山脚下的御场镇，这是八佰伴公司的第12家分店，也实现了和田一夫的梦想——将连锁店开在富士山能看见的地方。

和田一夫无比兴奋，因为富士山始终是和田一夫心中的一个"情结"。在少年时期，他被同学们讥笑为杂货郎，那时候，他就暗下决心，一定要出人头地。要攀登上心中的最高峰——富士山。

在御场镇的八佰伴分店新址，和田一夫眺望着魅力无穷的富士山，仿佛看到了少年时期的梦。

在御场镇，能对八佰伴超市构成威胁的对手并不多，有一家开业不过五年的超市——君泽超市。这家超市的老板鹿角君泽，曾经在八佰伴公司学习过半年管理经验，所以，从这个角度讲，这是一场师傅和徒弟的较量，和田一夫胸有成竹，觉得这是一场实力悬殊的较量，从一开始就稳操胜券。

和田一夫到现在还记得鹿角君泽来店里"取经"时的情形。

一天清早，一个年轻人敲开了和田一夫办公室的门，他的脸上挂着谦卑的微笑："和田先生，请原谅我的冒昧打扰，我想向您请教开放式超市的管理经验，将我的小店也改成同八佰伴公司相同的经营模式。给您添麻烦啦！"说罢，鹿角先生连连鞠躬致意。

和田一夫很喜欢这个坦率的年轻人，在他身上仿佛看到了自己创业初期的影子。他决定帮助这个小伙子："我这里确实与众不同，但是，你要是以参观者的心态来到这里，恐怕学不到什么东西，如果你能放低姿态，从最普通的员工开始做起，我相信你会收获更多。"和田一夫的话让鹿角君泽颇为感动，他没想到享誉静冈的大企业家，能对自己这样的小业主关爱有加。鹿角流下了激动的泪水。

和田一夫并不像其他的经营者那样，有狭隘的保守主义心态，对所谓的"教会徒弟饿死师傅"的古训更是不屑一顾。他给鹿角君泽安排了一个职位，将自己从大洋彼岸学到的管理经验，都毫无保留地传授给这个年轻人。

和田一夫的做法引起了员工内部的激烈争论，大家都一致反对将自己的商业秘密无条件地拱手让人。尤其是一夫的三弟和田黄昌，有一天，他气鼓鼓地找到了哥哥，一进门就开门见山地诉说了自己的不满："大哥，让鹿角那个家伙到我们公司，岂不是给自己培养了一个对手？我们创业如此辛苦，如今让人家捡了现成的，我实在是想不通。"

和田一夫仿佛早料到了三弟会来找他，他微笑着站起来，对三弟说："在一个信息社会，是没有什么商业秘密可言的。我们这样做了，人家也会这样做。靠隐瞒和保守，一个企业永远也得不到发展，只会变得更加封闭。我要给鹿角先生的并不是什么发财秘籍，而是我们的管理理念。你想想，是多一个光明正大的朋友好呢？还是多一个鬼鬼祟祟，窃取机密的敌人好呢？"

和田一夫的胸怀无比宽广，他意识到，故步自封只会让一个企业陷入尴尬的境地，这样先前的优势很快就会化为乌有。一个企业不仅要赢得顾客的口碑，更要以海纳百川的胸怀，赢得同行的赞誉和尊重。

半年之后，鹿角君泽学成回乡，将君泽超市整饬一新，按照八佰伴超市的管理经验，修建宽敞明亮的开放式超市格局，让顾客在超市内自由自在地选择商品，而服务员只是在角落里静静地等待着，遇到顾客需要帮助的时候，才会走上前关心顾客一下，剩下的时间只是面带微笑，注视着顾客。这种宾至如归的服务方式迅速赢得了多方赞誉，让君泽超市击败了其他竞争对手，成为御场镇及周边最有名的超级市场。鹿角君泽听说和田要在本地开设分店，他有些诚惶诚恐，连夜拜会了和田一夫。

"听说您要开设连锁机构，我……"鹿角君泽虽然不是几年前那个不谙世事的毛头小伙子了，但是在兄长般的和田一夫面前，还是有些紧张。

和田一夫马上明白了鹿角先生的来意，他走上前热情地拥抱着自己的竞争对手，然后真诚地说："放心吧，鹿角君，我相信富士山是足够大的，能容得下两朵同样的樱花。"

于是，在富士山脚下，出现了一个商业奇迹，八佰伴超市和君泽超市和平共处，没有展开价格战和舆论战等商业竞争。

和田一夫甚至对手下员工说:"君泽超市,是从我们八佰伴公司走出去的小弟弟,我们要和睦相处,在不违反商业原则的前提下,我相信,我们会实现共赢!"

这时候,和田一夫显示出一个卓越的企业家的广阔视野。所谓的商业竞争,有时候,并不一定是打败对手,或者摧毁对手。如果能将对手转化为朋友与合作伙伴,岂不是更高明的人生智慧?

第六节　以彼之道还治彼身

> 从智慧的土壤中生出三片绿芽:好的思想,好的语言,好的行动。
>
> ——希腊谚语

1975年,八佰伴公司宣布进军富士市。

和田一夫虽然在宣布消息的时候信心满满,但是私下里却心有顾忌,因为此次的对手非同寻常,不是伊东的小兄弟君泽超市,也不是热海的同行对手,而是日本最大的百货公司之一——洋华堂。

洋华堂的当家人叫伊藤雅俊,有着超乎寻常的雄才大略，仿佛是和八佰伴公司较上了劲，在八佰伴宣布进军富士市的第二天，洋华堂就召开了盛大的记者会，高调宣布在富士市开设新分店。伊藤俊雅的用意很明确，要在日本各地阻击强劲的对手。众所周知，商场如同战场，最好的防守就是进攻。

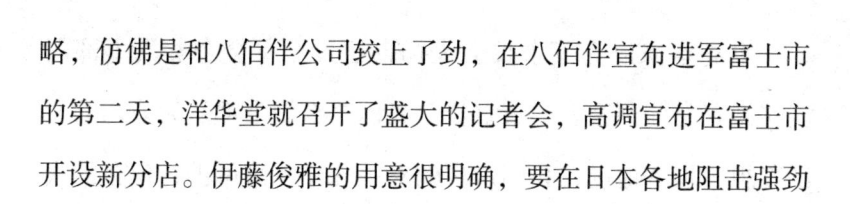

于是，富士市最繁华的大街上，八佰伴和洋华堂超市毗邻而建，打上了擂台。

和田一夫并不想和洋华堂正面作战，他深知伊藤家族的实力，经过几十年的积淀，洋华堂的财富和影响力远远地超过了从小乡村起家的八佰伴公司。

不光是和田一夫这么想，八佰伴公司的员工也对洋华堂超市的步步紧逼感到不适应，普遍士气低落。在员工们的心里，年轻的八佰伴公司根本不是洋华堂的对手。

八佰伴公司一时间人心浮动，大家都做了最坏的打算，公司的人事管理部门已经拟定了一份裁员名单，他们认为这样做一定会得到和田一夫先生的赞赏，因为这体现了人事部门未雨绸缪、规避风险的实干精神。因为按照惯例，当公司发展不顺利的时候，最常见的处理办法就是裁员下岗、减员增效。

八佰伴公司的人事部经理中岛先生，将自己熬了几夜制定的应对方案，递到了和田一夫的办公桌上。和田一夫看着眼前的策划，不禁眉头紧锁。

"这就是我们的应对策略吗？"和田一夫用手指点这份文件，有些生气。

中岛本来以为董事长会表扬自己，至少会夸奖人事部门能够做到事前预警。"董事长，我们这么做也都是为公司的发展着想，坦率地说，我们这次的对手几乎无懈可击，现在的人员配备未免有些臃肿，再说，那些动摇不定的员工也会让我们士气低落，所以，我们才制订了这份计划。"中岛虽然没有明说，但是意思已经很清楚了：如果想战胜对手，就必须以团结的群体来应对。

"中岛君，先要谢谢你，你能从一个管理者和一个创业者的角度，来考虑公司的发展。无论什么事情，有预判就意味着成功了一半。但是我们要知道，没开战之前就解散队伍，这样会带来多米诺骨牌效应。这样吧，我们召开一次职工大会。"

和田一夫好像是一位临危不乱的元帅，有条不紊地布置着任务。他深知，此前的几次失利，与其说是对手过于强大，倒不如说是自己打败了自己，因为骄傲轻敌往往会使人丧失理性，甚至走向疯狂的深渊。和田一夫坚信，方法总比问题多，车到山前必有路，所以他要召开职工大会，让大家群策群力集思广益。看着台下的员工，和田一夫语气坚定地说："我们是一个群体，不管你的内心想法是什么，我个人都充分理解你们。所以想要离开的员工，谢谢你们这些日子以来的无私奉献。"说完这些，和田一夫深深地鞠了一躬。"不过，我恳请你们再等等，一周之后，我们和那家超市一定会有个结果。"

台下的员工都被感动了，大家眼含热泪，热烈鼓掌。八佰伴公司的员工都士气高涨，但是和田一夫仍然不知道打败对手的契机到底是什么。他表情从容不迫，心里却焦虑万分。

一天，中岛带来了洋华堂超市的广告宣传单。一边气喘吁吁地说："董事长，看来对方先下手了，我们要想个万全之策才好。"中岛知道形势十分严峻，因为洋华堂列出的商品价格实在诱人。

和田一夫盯着眼前的广告，开始愁眉紧锁，但是渐渐地，他喜上眉梢，在桌子上用力一拍："好了，太好了，我们终于有救了。"

中岛一脸疑惑，不明就里。

和田一夫乐呵呵地说："洋华堂也没有什么新花样，无非就是大打价格战。这正好给了我们应对的契机。"

和田一夫决定，抢占先机才是胜利的前提，他开始了一系列的筹备工作，先是让销售部按照洋华堂广告上的商品目录进货，又命令广告部加印了10万多份精美的广告宣传单，这些都是针对洋华堂超市的营销策略。细心的顾客发现，八佰伴公司的商品特价目录和洋华堂一模一样，不过区别在于，每件商品的价格都要比洋华堂超市低10%。

8月14日，赶在洋华堂开张的前一天，八佰伴超市锣鼓喧天，开始了开业大酬宾。一时间，顾客盈门。大家都在奔走相告："八佰伴超市装修豪华，购物环境好极了。""那里的商品都大减价，这么便宜的价格只有三天的机会，都去买啊。"

俗话说，金杯银杯不如百姓的口碑。八佰伴公司的名气迅速传遍了整个富士市，直到打烊时，顾客依然络绎不绝，超市的大门仍然没法关上，八佰伴超市只好一再延迟闭店时间，直到当天晚上12点才关门。

第二天，洋华堂正式开张，可是富士市的多数居民受八佰伴的影响，在前一天已经掀起了抢购风潮，所以洋华堂的客流量远远低于八佰伴超市开业当天的客流量。

消费心理学认为，心理反应方面有一种晕轮效应，也就是对最先接触的事物有着天生的好感，而且，在无形中也放大了先入为主的印象。所以，抢得先机的八佰伴超市在顾客中形成了良好的口碑——质优价廉、服务一流。

和田一夫指挥的这场绝地反击战役，先是按兵不动，继而后发制人，以彼之道还治彼身，成为了世界各大商学院公关策划的经典案例。

第七节　一双袜子带来的商机

> 如果我们过于爽快地承认失败,就可能使自己发觉不了我们非常接近于正确。
>
> ——卡尔·波普尔

和田一夫的办公桌上放着一个大的地球仪,他平时就爱仔细端详着地球仪,好像在凝视着整个世界。在他的心中,始终藏着一个梦想,要将八佰伴公司做成环太平洋的超市连锁机构。

日本国土狭长,物产匮乏,而且二战后国内的购买力十分有限。面对百货行业日趋激烈的市场竞争,和田一夫觉得公司的发展举步维艰。

一天,他回到青年时代的灵魂圣地——心灵之家,想和那里的精神导师诉说一下心中的烦闷。

德久康吉博士迎了出来。两个老朋友热情拥抱之后,和田一夫将心中的烦恼和盘托出。德久康吉与和田一夫是相知十几年的老朋友了,他也为和田一夫的处境感到着急。德久康吉安慰老朋友说:"不要着急,亲爱的朋友,在一个地方没有出

路，并不意味着整个世界都对你关上了大门。我前几年去过南美洲传教，或许，那里会有机会。"

好朋友的一句话，好像一道光芒，让和田一夫茅塞顿开。是啊，走出去或许是一种很好的选择。他问德久康吉："那么，我的兄弟，你说南美洲为什么适合开设超市呢？"

"原因很简单，那里是商业的处女地，能让你大展拳脚。如果你还是心有疑虑，就亲自去考察考察吧。"

1969年春天，和田一夫不远万里，来到了巴西的圣保罗市，开启了八佰伴的海外扩张之旅。

和田一夫发现，巴西是一块有待开发的热土，这里到处是朝气蓬勃的年轻人，这些有生力量，无疑都是商品消费的潜在客户。

"我想知道，哪里有大超市，我想看看这里的商业情况。"他对当地导游开门见山地提出了自己的要求。和田一夫不是来游山玩水的旅游者，而是肩负着八佰伴公司几千名员工期望的当家人。

"您一定是一个懂得生活的人，我们全市最大的超市，要算马赛百货大楼，这是法国人经营的公司，保证让您满意。"导游热情地介绍说。

这是个欧式风格的建筑，大厅也金碧辉煌、十分豪华，但是和田一夫对这些都毫无兴趣，他更看重企业的服务质量。

"您好，我买一双袜子。"和田一夫径直走向了柜台，他决心检验一下这里的服务质量。或许是从小就接受了父母的教诲——一元钱的生意也是生意，和田一夫在遥远的巴西也使出了自己的法宝。如果这个超市的服务员态度很好，又能耐心地为顾客服务，那么八佰伴公司如果在此处创业就会遇到一个强劲的对手，反之，八佰伴公司可以毫不犹豫地选择这里，开始海外扩张之旅。

"你确定只买一双袜子吗？"服务员态度傲慢，语气轻蔑。

"是的，女士。我只想选一双袜子。"和田一夫不动声色地回答。对方根本看不出眼前站着的是日本的千万富翁。她不介绍产品的种类和质量，而是顺着和田一夫的手势拿了一双袜子，嘴里嘟嘟囔囔的净是埋怨的话。

和田一夫并不气恼，而是平静地接过了袜子，说了声："谢谢。"而对方竟然连一句感谢的话也没有，只是冷冷地看着和田一夫转身离开。

旁边的导游也很奇怪，这个看起来器宇轩昂的客人，竟然只选择了一双袜子。真是个奇怪的客人。他哪里知道，不久以后，眼前的这位客人，将要成为全巴西最大的超市连锁机构的老板。

或许是见服务员的态度很不礼貌，导游有些过意不去，只好忙不迭地解释："实在是不好意思，在这里，服务员往往看低消费者的实力，如果买得少一些，他们的服务态度就不是很好。"

和田一夫只是微微一笑，相反，他觉得这里的服务态度，倒是八佰伴公司发展的商机。

正要往回走的和田一夫，发现一名服务员正和一个顾客吵架。原来，顾客买好上衣回家之后，发现尺码不合适，就想回来调换，没想到，遭到了服务员的恶语相向："这件衣服你要是买了，就和我们没有任何关系了，还想拿回来调换？真是笑话！要么就回家，要么就再买一件！"

这种恶劣的服务态度让和田一夫震惊不已。要知道，在八佰伴超市，这种和顾客吵架的员工会马上被解雇的。而马赛超市的服务员，竟然都围拢过来，并且集体数落这名顾客。

在八佰伴超市，每个员工对进来购物的顾客，都要做到笑脸相迎，礼貌相送。无论你购买的商品价值多少，甚至对什么也不买的顾客，服务员也要鞠躬90度，说"欢迎您下次光临。"和田一夫一直奉行着快乐购物的理念，他心中暗想："巴西虽然物产丰富，民风淳朴，但是这里的人们却没有获得更好的服务，这里的服务质量还停留在老旧的观念上，要知道，顾客才是真正的上帝。"

同行的导游越看越觉得糊涂，这个奇怪的顾客，只是买了一双袜子，在遭到服务员的白眼之后，仍然笑脸相对，这样的人，要么就是涵养极好的贵族，要么就是在精神方面有些问题。

和田一夫却觉得此行不虚。他拍了拍导游的肩膀，开玩笑似的对导游说："一年以后，我要让你体会一下什么是上帝的感觉。我的朋友，到时候我请你来我的公司。"

和田一夫已经暗下决心，让八佰伴超市在巴西的热土上生根开花。

第八节　服务是一门艺术

> 人生的快乐和幸福不在于金钱，不在于爱情，而在于真理，即使你想得到的是一种动物式的幸福。
>
> ——契诃夫

八佰伴公司要在海外开设分店的消息不胫而走，在日本国内掀起了轩然大波，来自各界的批评声音也是不绝于耳。有人给这次正常的海外拓展扣上卖国贼的帽子："八佰伴公司竟然将资产转移向海外，这是一种叛逃的行为。"也有人幸灾乐祸地说："八佰伴公司的摊子越铺越大，将来早晚会死在盲目扩张的路上。"

面对种种流言蜚语甚至诽谤中伤，和田一夫都不为所动，他一直坚信，很多人都是事后诸葛亮，一个创业者，如果听从了保守者的鼓噪，那么在这个世界上你就什么事情也做不成。一旦拿定主意，就要坚持到底。

从巴西归来之后，和田一夫就开始招兵买马，他选择去巴西共同创业的员工的条件很简单也很苛刻——要有一颗服务至上的心。

他先将自己的条件列在了一张布告上，在八佰伴公司的各个分店开始选拔团队成员。

和田一夫的条件看起来简单无比，比如"公司利益至上，个人利益第二""准备24小时服务""有教养、有奉献精神"等，但是真正做到这些却很难。尤其是在乡土观念很重的日本，要舍家撇业地到异乡去创业，需要很大的勇气。如果没有为理想奉献的精神，很难做到这一点。

和田一夫并没有采用通常的做法，至上而下地选拔人才，而是先将未来创业的艰难前景告诉大家，采用自愿的方式招募团队成员。这一点，和田一夫有自己的打算。他认为，只有发自内心地想做一番事业的员工，在未来遇到困难的时候，才能够毫不畏惧，挖掘自己最大的潜能。

和田一夫先将自己的二弟和田尚吉任命为海外计划的领导者，他对尚吉说："我们一定不要硬性命令员工，毕竟我们是去创业的，一切都要从零开始，如果有的仅仅是走马观花式的旅游心态，不会招募到好的员工。"

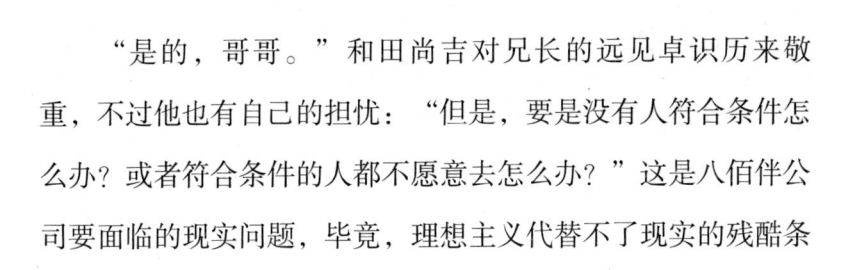

"是的,哥哥。"和田尚吉对兄长的远见卓识历来敬重,不过他也有自己的担忧:"但是,要是没有人符合条件怎么办?或者符合条件的人都不愿意去怎么办?"这是八佰伴公司要面临的现实问题,毕竟,理想主义代替不了现实的残酷条件。

和田一夫望着办公桌上的地球仪,哈哈大笑。在他心中,浩瀚的太平洋也无法阻挡他心中创业的激情。在和田一夫看来,自己也像一个应试者一样,心中有些忐忑。毕竟,去一个完全陌生的国度创业,这是一张全新的考卷,不光应试者心里没底,就连招募者自身,也不能确保前途就一定光明无比。

在董事会上,和田一夫好像在为各位董事打气似的,立下了军令状:"这次招募行动,只要有五六个合乎条件的,我们的事业就一定有希望,如果一个也没有,我们也没什么好遗憾的,这说明我们的决策有些失误,毕竟事先知道这些失误,会更好一些。那样的话,我们就取消这次海外扩张计划。"和田一夫的话掷地有声,一方面是源自于此次考察带来的自信,另一方面,他也相信,自己的员工也会和自己一样,充满着创业的激情。

果然,招募启事发布没多久,就有几十名员工主动申请,去最艰苦的地方创业。其中,一名叫伊藤俊江的女孩,还不满20岁,也递交了申请。

和田一夫感到很好奇,就想见一见这个小姑娘。

"你为什么自愿到巴西去啊，小姑娘？"和田一夫发现眼前的伊藤比想象中还要纤弱。

"因为我想做一些不一样的事情。我喜欢画画，如果每次都画一样的画，那就没什么进步。所以，我喜欢有挑战性的工作。我来到八佰伴公司已经3年了，所以，在这个时候，我希望能为公司做点什么。"伊藤俊江羞涩地回答。

"可是，你这个年纪，还是在父母面前撒娇的年纪啊。要知道，我们要去遥远的巴西，那里可是什么都没有啊，我们要从零做起。"和田一夫十分欣赏眼前的小姑娘，将未来的处境也据实相告。

"董事长先生，我们画画的时候，就是从什么都没有的一张白纸开始的啊，要一点一点努力，一笔一笔地描绘，最后才有了绚丽的图画啊。"伊藤俊江还是不急不躁地回答，在她的眸子里，闪烁着激动的泪花，她担心董事长不允许自己去巴西创业。

和田一夫被伊藤的回答感动了。他眼里含着热泪，向自己可爱的员工深深地鞠了一躬。然后紧紧地握住了伊藤的手："伊藤小姐，你第一个被录用了，我从你的身上，不仅看到了我们八佰伴公司的现在，还看到了我们绚丽的未来。"

和田一夫最后挑选了28名员工，组成了赴巴西的员工团队，在为团队壮行的大会上，和田一夫讲了伊藤小姐的故事。

和田一夫说："伊藤小姐的话让我警醒，她让我发现，其实我并不是一个商人,准确地说,我毕生的追求是成为一个艺术家。这看起来荒诞不经,其实,商业和艺术有共同之处。他们都要求从业者有一种创造的精神。坦率地说,金钱对我来说,仅仅是数字的概念,而我更享受顾客在购物的时候获得艺术上的满足,我说的是服务艺术。伊藤小姐就是我们的楷模!我们这28名创业者,是开垦处女地的拓荒者,我们要牢记服务的宗旨,描绘八佰伴公司灿烂的明天!"

1970年4月,28位"服务艺术家"载着梦想,飞赴巴西。八佰伴公司正式拉开了海外创业的大幕。

第九节　豆沙包攻略

> 生命的意义在于付出,在于给予,而不在于接受,也不在于争取。
>
> ——巴金

上个世纪70年代,新加坡作为"亚洲四小龙"之一,在经济上实现了腾飞。新加坡国土面积狭小,只是个弹丸之地,而且资源匮乏,连用电和用水都需要从邻国购买。但是在新加坡人的建设下,全国大力发展金融和中转贸易,后来新加坡变得环境整洁，成为闻名亚洲的花园城市。

和田一夫将八佰伴公司海外扩张的第二站，放在了新加坡。高瞻远瞩的和田一夫认为这是一招妙棋，在八佰伴公司的海外布局中起到了画龙点睛的作用。

但是，先期考察的和田黄昌却带回了一个不利的消息。

"我认为新加坡不适合投资。"和田黄昌斩钉截铁地说。

"原因是什么？"和田一夫认为弟弟的考察结果虽不甚乐观，但是他决心已下，不会轻易改变主意。

"且不说，已经有很多日本财团在新加坡投资。单说那里对日资企业的态度，就令人不安。那里的居民反日情绪高涨，所以，我们还是不要在这个时候去投资的好。"和田黄昌的话，引起了董事会其他成员的共鸣，大家一致反对去新加坡投资。他们认为与其将资金投向一个未知的领域，不如投向已经成熟的巴西市场。

眼看一项投资计划就要流产，和田一夫站起来力排众议："你们说的都是些不利因素，但是我们做商业的更应该看到的是前景。"和田一夫分析说："新加坡是一个新兴市场，更是闻名世界的贸易港口和国际金融中心。如果我们在这个时候不进入新加坡，那么贻误的商机无疑是巨大的。"

在和田一夫的心里，已经有了一个计划，他决定不光做一名商人，更要做一个弥合两国人民情感的民间友好使者。

他决心亲自考察一下新加坡的市场。下了飞机,他选择战争纪念碑作为此行的第一站。在新加坡的战争纪念碑前,和田一夫久久矗立,他仰望着纪念碑上的祭文,不禁心潮澎湃:日本的侵略战争,给世界人民尤其是亚洲人民,带来了无尽的伤害和苦难。所以,他暗下决心,要在有生之年,补偿先辈犯下的罪行。

"我的这次考察收获很多,我深深地体会到战争给人带来的伤害,"回到日本后,和田一夫动情地说,"所以,我们这一代日本人有责任,在和平时期尽我们的力量,给更多的人带来福祉,而质优价廉的商品就是我们最好的礼物。"这次,和田一夫的真诚打动了大家,董事会成员一致投出了赞成票。

1974年9月,经过一年多的筹备,八佰伴公司新加坡分店正式营业。超市的地点选择在新加坡租金最贵的乌节路大道,营业面积一万多平方米,号称是全东南亚最大的购物中心。

在开业当天,八佰伴超市推出了一款特价食品——名叫"安盼"的豆沙包。这个中文译名是和田一夫亲自选定的,寓意为"盼望安宁和平",和田一夫认为,八佰伴公司跨过海峡来到新加坡,必然要带上一份礼物。俗话说得好,民以食为天,所以这种具有独特日式风味的豆沙包,就成了和田一夫开展营销策略的首选商品。每个豆沙包仅售0.3新加坡元,连成本都不够,足足是"赔钱赚吆喝"。在和田一夫的心里,与其说将之作为促销的商品,不如说是带给新加坡人民的一份小礼

物。

没想到，这个小小的豆沙包，竟然收到了神奇的营销效果。

因为风味独特且价格便宜，很多来购物的新加坡市民都要买几个豆沙包品尝一番，一传十，十传百，大家在"安盼"豆沙包的摊位前排起了长龙。一开始制作的两千个豆沙包，根本就供不应求，后来又临时赶出的八千个豆沙包，才勉强让顾客满意而归。

八佰伴公司用小小的豆沙包策略，迅速地拉近了和新加坡市民间的情感，也给人一种感觉——无论买多少钱的商品，都是八佰伴超市贵客，所以，新加坡市民对这种亲民路线普遍抱有好感，渐渐地，在八佰伴公司进行一站式购物成为了新加坡人的新的消费习惯。

一周以后，根据最新的商业调查统计，有40%的居民喜欢到八佰伴超市购物，这在人口仅有几百万的新加坡，是个了不起的数据。顾客们选择八佰伴超市的理由也多种多样：

八佰伴超市的营业时间很长，闭店时间从六点半延长到了九点半，甚至节假日也照常营业；八佰伴超市的食物是最新鲜的，符合当地人的口味；八佰伴超市货物齐全，质优价廉，顾客能够一站式购齐日常用品。

其实，这些来八佰伴超市购物的理由，归根到底一句话：八佰伴超市真正将顾客的需要放在了第一位。这家重视服

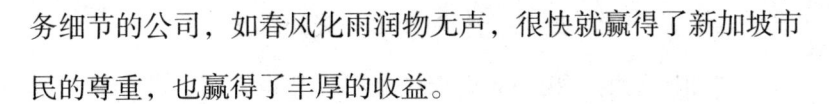

务细节的公司，如春风化雨润物无声，很快就赢得了新加坡市民的尊重，也赢得了丰厚的收益。

20世纪70年代末，八佰伴超市已经成为新加坡最大的百货零售企业，并于1985年在新加坡证券交易所成功上市。

八佰伴公司，从为新加坡人焙制小小的豆沙包开始，迅速地融进了当地的文化之中，开始了在新加坡市场上的创业传奇。

第十节　废墟之上的商机

> 人的生命似洪水在奔流，不遇着岛屿、暗礁，难以激起美丽的浪花。
>
> ——奥斯特洛夫斯基

在几十年的商海浮沉中，和田一夫也不是一直都顺风顺水、料事如神，也经历过贪功冒进、败走麦城的失败。清水市的"花菱超市收购案"就是其中一例。

花菱购物中心位于毗邻热海的静冈县清水市，因为经营不善，面临破产的困境。到了1972年，累计亏损已经近5亿日元。

一天，静冈县的县长来到和田一夫家求援。

"和田先生，我是向您求援来了，您也知道，花菱超市是我们县的利税大户，它要是倒闭了，利税损失是小，几千名员工失业是一件大事，所以，我想到了您。"县长一进门就开门见山说明了来意。

望着忧心忡忡的县长，和田一夫也感到很为难，因为他也听说了花菱超市将要倒闭的消息，但是花菱超市实在是一个烫手的山芋，根本没有商家愿意伸出援手。于是和田一夫为难地说："花菱超市的危机我也听说了，不过，我们的实力实在是有限，恐怕也无能为力。"

"是的，花菱超市的处境很糟糕，实不相瞒，本来东京的一家百货公司有意接手，甚至草签了合作意向协议书，但是经过一番调研，又突然变卦了。我这才临时抱佛脚，求您帮忙。"或许是过于激动，县长的声音有些颤抖。

和田一夫想了想，一方面，他很同情花菱超市的现状，另一方面，他也有自己的打算，一个濒临破产的企业，还有一个急于求援的领导，这正是讨价还价的好机会，也是利益最大化的好机会。

"好吧，我们八佰伴公司也是静冈县的企业，在这种危难的时刻，我们也有责任伸出援手，这是责无旁贷的事情。"和田一夫一激动，贸然答应了救援花菱超市。县长再三致谢，与和田一夫握手告别。

送走了县长之后，冷静下来的和田一夫却陷入了沉思，俗话说得好，一着不慎，满盘皆输。和田一夫觉得刚才的承诺过于草率了。他犯了商战的大忌——没有调查研究就轻易地制订了一个投资计划，难道那些东京财团的毁约行为还不能让人警醒吗？和田一夫不由得惊出了一身冷汗。可是话一出口，一夫又有些骑虎难下了。

1972年末，八佰伴公司以近9亿日元的价格收购了花菱超市。紧接着，和田一夫又犯了第二个错误，他头脑一热，将花菱超市周围的土地也买了下来，这样，二者相加，和田一夫的前期资金投入已经高达20亿日元。

正当和田一夫准备大干一场的时候，会计部送来了一份资金预算，让他狂热的头脑瞬间冷静了下来，原来，和田投入的大部分资金是从银行借贷得来，而每年的利息相加，花菱超市每年的营业额至少要达到40亿日元，才能收支相抵。

在盈利的压力下，和田一夫认为要加倍努力，赚取更多的利润，于是，他花费了大量的心血，将老旧的花菱超市改造为符合八佰伴公司要求的现代化超市，从店面的装潢布置到员工培训，和田一夫事无巨细，都亲力亲为，当一切都走向正轨的时候，和田一夫终于长长地出了一口气，他想，这下子可要好好歇一歇了。看着新八佰伴超市顾客盈门，他心里别提多高兴了。但是到了年底，会计部拿来了超市的财务报表，和田一夫一看，差点从椅子上跳下来，超市的全年营业额只有30亿日元，虽然也不算是很差的业绩，但是，算下来，竟然出现了10亿日元的亏空。

这就说明和田一夫的投资决策彻底失败了，花菱超市变成了一个巨大的资金黑洞，继续营业会导致持续亏损，可如果闭门歇业，单单是银行贷款的利息就足以压垮整个八佰伴公司。

董事会的例会上，诸位董事纷纷向和田一夫开火，质疑他的决策，甚至怀疑他的管理和领导能力。

和田一夫神情严峻，他向董事们深深地鞠了一躬："实在对不起大家，我犯了一个致命的错误，这是我一生中最深刻的教训，一味地好大喜功，没有进行实地考察就仓促决策建立新项目。我愿意承担责任。"会后，八佰伴公司董事会责成和田一夫在一个月内拿出解决方案，否则就要启动问责程序，和田一夫到时只能引咎辞职。

心情烦闷的和田一夫驱车来到新花菱超市，他决心带着两位弟弟实地考察，弥补自己的过失。

路过一家郊区保龄球馆的时候，和田一夫忽然来了兴致，要下车打一场保龄球。没想到，看到门口贴着出兑的告示。

"原来这里有很多家保龄球馆，但是因为经济不景气，都纷纷倒闭了。"三弟和田黄昌介绍说。

"原来是这样，或许，这里面有很好的商机。"和田一夫忽然灵机一动，想出了一个绝妙的计划。

不过二弟和田尚吉是个老成持重的人，他不无忧虑地说："大哥，我们现在还焦头烂额，再向我们不熟悉的保龄球馆投资，未免有些草率了吧？"

"谁说我要投资保龄球馆？不可以做别的生意吗？你们看，商业思维中有个逆向思维，在一片废墟之上，恰恰有最好的商机。这些球馆都倒闭了，而且处在郊区，买下来的价格应该极其便宜，不正好是投资超市的最好时机吗？"和田一夫激动起来，他指点江山，又恢复了创业的激情。

和田一夫说到做到，他又考察了十多家倒闭的保龄球馆，以平均每家2亿日元的价格购买下来，然后开设了十多家小型的八佰伴超市。因为这些超市的建设成本极为低廉，稍加装修就可以营业，所以，每年的利润也十分可观，然后和田一夫又采用"围魏救赵"的方法，将这些小超市的利润，源源不断地输送给新花菱超市。

几年之后，新花菱超市终于恢复了造血功能，实现了扭亏为盈，后来还成为八佰伴公司在日本的旗舰超市。

和田一夫在面临人生困境的时候，并没有陷入保守、裹足不前的怪圈，更没有畏首畏尾、恐于决策，而是运用逆向思维，以迂回战术赢得了最后的胜利。有人说，和田一夫拯救花菱超市的案例，是建立在废墟上的胜利，是的，决策失误并不可怕，可怕的是你不敢迈出下一步。

YAOHAN

第三章　鼎盛的八佰伴帝国

- ■ 第一节　胸怀有多大，舞台就有多大
- ■ 第二节　得与失的辩证法
- ■ 第三节　一堂文化素质课
- ■ 第四节　真正的失败是重复失败
- ■ 第五节　做别人不做的事

YAOHAN

第一节　胸怀有多大，舞台就有多大

> 有一种比海洋更宏大的景象，那就是天空；还有一种比天空更宏大的景象，那就是人的内心世界。
>
> ——雨果

和田一夫在有条不紊地实施自己的"环太平洋连锁机构"的计划：1974年，八佰伴新加坡店开张；1984年12月，八佰伴超市香港店开始营业；3年之后，八佰伴超市马来西亚店隆重开业；第二年，在台中市，八佰伴台湾店正式开业……

八佰伴公司在发展的鼎盛时期，曾在16个国家和地区开设了400多家百货超市，连续多年雄踞世界零售业第一的宝座。八佰伴公司的年销售总额超过5000亿日元，创造了一个前无古人的商业传奇。

1990年，和田一夫将工作重心转移到香港。他还在香港的太平山上修建了自己的豪宅，装修极为奢华，从宽大的露台可以眺望繁华的维多利亚港湾，他经常端着一杯葡萄酒，欣赏香港的夜景。从日本的热海市小乡村，到国际化都市香港，和田一夫的"环太平洋"战略正在一步一步地得以实现。

　　现在，和田一夫的梦想接近实现了，所以他在一连串的成绩面前，有些忘乎所以，他从一无所有的穷小子，发展为商业帝国的董事长，这样的飞跃让和田一夫有些飘飘然，开始了奢华的物质享受。比如，他的办公室装修得金碧辉煌，办公桌上的一块玻璃板，本身就价值百万，但是从电梯里无法运上来，于是，和田一夫用直升机吊运这块价值百万元的玻璃板，最后核算下来安装玻璃板的费用，比这块玻璃本身还要贵。

　　这种近乎"疯狂"的消费行为，也从另一个侧面，验证了八佰伴公司发展的巅峰。和田一夫面对员工的时候，曾经豪情万丈地说："我们八佰伴公司，正处在事业的上升期，所以，我们要有一种大无畏的开拓精神。南极洲的企鹅在种群迁徙的时候，群体总是互相挤压，犹豫不决，这时候，就需要一个最勇敢的企鹅，能勇敢地冲向冰冷的海水，以自己的行为带动种群向前冲，我们要做那个勇于献身的企鹅。"

　　和田一夫一辈子的梦想，就是成为敢为天下先的人，所以他总是能捕捉到不为世人关注的商机，比如，他凭借着敏锐的商业嗅觉，发现中国经济，将是未来世界经济发展的引擎。于是，他将香港作为桥头堡，开始了自己雄心勃勃的商业帝国计划。

　　和田一夫宣布辞去日本八佰伴公司董事长的职务，交由弟弟和田黄昌担任董事长，而自己则开始新的创业历程。他带着

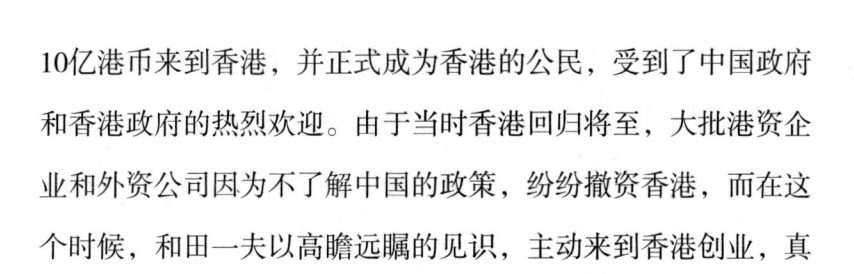

10亿港币来到香港，并正式成为香港的公民，受到了中国政府和香港政府的热烈欢迎。由于当时香港回归将至，大批港资企业和外资公司因为不了解中国的政策，纷纷撤资香港，而在这个时候，和田一夫以高瞻远瞩的见识，主动来到香港创业，真可谓慧眼独具。

为开始加速八佰伴集团的国际化投资，1990年5月，八佰伴国际流通集团总部也由日本迁往香港，并更名为"八佰伴国际集团"。和田一夫认为先前的海外扩张的策略属于传统的商业模式，而新时代的商业模式并不是传统的零售行业，应该顺应潮流，以不动产投资作为八佰伴集团的主营业务。

和田一夫开始在世界范围内投资不动产，在香港买下了蓝田购物中心，并将部分店面租赁给麦当劳和跨国银行等，又在加拿大温哥华的繁华地段购买了2万平方米的土地，在美国纽约哈得孙河畔购买了1万多平方米的土地，建造了日式会所……短短两年的工夫，和田一夫以近乎疯狂的方式，收购近20万平方米的土地。

与此同时，他还制定了八佰伴国际集团的投资策略，分为三个部分：房地产、百货业、餐饮业。1990年，八佰伴国际饮食有限公司在香港证券交易所上市。

在香港站稳脚跟之后，和田一夫又在大陆考察了中国最有发展前景的两个都市——北京和上海。他发现改革开放中的中国，正经历着日新月异的变化，尤其是上海市，浦东好像是一

个有待开发的处女地，到处是林立的脚手架，迎接他的，是热情的招商引资官员和热火朝天的建设场面。

1991年，八佰伴公司开始了和上海第一百货公司的合作，最初的计划是在浦东建立一个3万平方米的超市，面积和第一百货商店的面积相当.但是，志得意满的和田一夫根本不满足于做中国最大的超市，而是将目光瞄准了世界市场。在经历了多次计划修改之后，新超市的面积锁定为10万平方米，成为当时世界最大的单体百货公司。

他暗自下了决心，要在上海浦东建设一家世界最好的商业超市。1992年，他投资3.4亿美元，在上海建立了上海第一八佰伴超市，号称世界第二大的超市。3年之后，当第一八佰伴超市开业的时候，当天就涌进来近百万的顾客，创造了单日接待顾客最多的吉尼斯世界纪录。

1992年，和田一夫又北上北京，与北京赛特公司合作，当年年底，新赛特百货以旋风般的速度盛大开业，一时宾客云集。

在开业盛典上，和田一夫雄心万丈，他激动地宣布："要用5年的时间，在中国开设近1000家八佰伴超市，以及3000家汉堡专营店。"

为了表示对中国市场的重视，他还举家搬迁至上海，亲自指导第一八佰伴的运作，他也因此被上海市政府授予"上海市荣誉市民"的称号。和田一夫将八佰伴杂货铺，从日本热海的小乡村，开到了巴西、新加坡，又开到了世界最大的新兴市场——中国。

第二节　得与失的辩证法

>　　一个人不应受名誉、金钱和地位的诱惑，去忽视正义和其他德行。
>
>　　——柏拉图

和田一夫将八佰伴国际流通集团总部迁到香港之后，特意选择了香港会展中心大厦的最高两层——49层和50层作为总部的办公室。和田一夫十分欣赏中国的两句诗：不畏浮云遮望眼，只缘身在最高层。

第二天，各大媒体都在头版头条报道了和田一夫来港投资的消息，香港的财经杂志《星岛经贸纵横》和内地最有影响力的报纸《人民日报》等，都做了大篇幅的报道。

很快，和田一夫以巨资投资香港的消息传遍了世界。民间甚至传闻和田一夫携带几十亿元的巨款，要大量收购香港的餐饮与房地产业务。

这时候，正是香港回归祖国前夕，香港人心浮动，正掀起

一股资本转移海外的热潮。这时和田一夫逆向投资，表达了对香港以及内地市场的信心，也极大地振奋了香港人留守家园、再创辉煌的信心。

一天，和田一夫的办公室里来了一位古稀老人，他进门之后，先是彬彬有礼地进行了一番自我介绍，原来，他是香港本地一家著名公司的董事长。

"冒昧打扰，我想和您谈谈出售公司的事宜，不知道您对我的公司有没有兴趣？"

和田一夫有些惊讶，他知道这家公司正处于盈利期，为什么老人要出售自己辛苦创立的公司呢？"我听说过贵公司的大名，不过，这么好的一家公司，您为什么要放弃呢？"和田一夫连忙迎了上来，热情地招待这名老人。

听了老人的叙述，和田一夫才恍然大悟。原来，这位老人的孩子都移民国外，公司全靠老人一个人支撑，可是他年事已高，实在无力经营，只好忍痛割爱。

老人叹了口气："和田先生，说实在的，我也不舍得离开香港这个风水宝地，外国再好，也不是我的家，但是现在的情况让我不得不出此下策。我在报纸上看到了您的事迹，觉得您虽然是一个日本人，但是对香港的热情，让我这个香港人都感到钦佩无比，所以，我想将我几十年的心血，转让给您。实不相瞒，有些人对我的公司感兴趣，但是我想让公司在一个热爱香港的人的经营下，继续发展。"

看到老人期待的眼神，和田一夫心里十分感动，按照常理说，收购老人的公司，是一件天上掉馅饼的大好事，接手这家公司，会带来丰厚的收益。不过和田一夫并不想乘人之危，因为这与和田一夫一直倡导的仁商原则不相符。

和田一夫拍了拍老人的肩膀，激动地说："老先生，我已经将公司迁到了香港，而且准确地说，我也是香港的公民了，我来香港，就是看到了东方之珠的未来发展潜力，我衷心地希望，您能继续留在香港，我们携起手来，共同创业！"

听了和田一夫的肺腑之言，老人也深受感动，他紧紧地握住了和田一夫的手："真的要谢谢您，和田先生，我要向您学习，留在香港创业，相信我们的明天更美好！"

从此，和田一夫和老人结下了深厚的友谊。同时，和田一夫不乘人之危，不做唯利是图的生意，讲究商业道德的事迹，也传遍了香港，成为一时的美谈。

也有人对和田一夫的做法表示不理解，认为他轻易地放过了一笔轻松赚钱的生意，到嘴的肥肉都不吃，真是不可理喻的怪人。

其实和田一夫有自己的商业哲学，在得和失之间，和田一夫的选择依据是德行。正如古希腊先哲柏拉图所说："一个人不应受名誉、金钱和地位的诱惑，去忽视正义和其他德行。"

事实上，塞翁失马，焉知非福？八佰伴集团公司总部迁港的壮举，以及和田一夫拒绝乘人之危的德行，虽然让八佰伴公司失去了眼前的一些经济利益，但从另一个方面讲，也让八佰伴公司占据了道德舆论的制高点。和田一夫以一个外来者的姿态，迅速地融入了香港的经济生活中，占尽了天时地利人和的优势。

后来，香港的一幢购物中心要拍卖转让，八佰伴集团和近十家买主竞争，但是，只有八佰伴公司笑到了最后。卖主给出的解释是，八佰伴集团公司信誉良好，而且，将香港作为总部所在地的八佰伴集团，有巨大的发展潜力和经营诚意。

和田一夫当初迁港创业的决定，无疑是一招妙棋，一次布局，满盘皆活。背靠中国内地巨大的消费市场，更凭借香港完善的商业环境，使得八佰伴集团公司的国际化进程走上了快车道。

后来，和田一夫说："我经常想，其实每个人都有成为富翁的先天条件，如果一个人最终没有获得成功，原因很多，有可能因为你没有恒心和毅力，也有可能你没有诚心与信念，但有一个原因，往往被世人所忽略，那就是要做好得与失之间的选择。有时候，成功是减法，减去欲望和贪婪，你才会得到信任和成功！"

第三节　一堂文化素质课

> 习惯真是一种顽强而巨大的力量，它可以主宰人的一生，因此，人从幼年起就应该通过教育培养一种良好的习惯。
>
> ——培根

1992年，和田一夫与北京的赛特购物中心达成战略合作协议，双方合作经营中国第一家中外合作的大型商场：新赛特购物中心，完全采用八佰伴国际集团公司的管理和经营模式。

赛特购物中心想学习八佰伴公司先进的管理经验，而八佰伴公司想借机打开中国市场，和田一夫甚至雄心勃勃地要在中国开设1000家大型超市，组成商品零售业的"新万里长城"。

这本来是一个双赢的合作模式。双方各取所需，都有真诚合作的意愿。但是没想到仅仅过了两年的时间，八佰伴公司从京城黯然撤离，和田一夫当年的豪言壮语，也变成了一个可望而不可即的梦想。

这一直是业界讨论的热点，为什么八佰伴公司在海外业务做得风生水起，偏偏到了北京就折戟沉沙？原因很简单，八佰

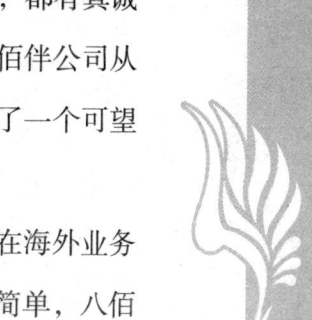

伴公司的定位出现了偏差，和中国当时的国情不能很好地融合在一起，也就是说，超前的服务意识与落后的消费观念之间发生了碰撞。这些都使得八佰伴公司的管理经验在中国"水土不服"。

新赛特中心开业伊始，确实让封闭已久的中国人大开眼界，原来购物也是一种休闲活动，原来消费者是真正的上帝，而不仅仅是停留在"消费者权益保护条例"中的文字描述。

新赛特购物中心原封不动地移植了八佰伴公司的先进经验，定位为高档商品零售企业，改革开放之初，外国商品还是比较罕见的新鲜货，商品的分类布置整洁大方，一律采用的是高开架的敞开式售货模式，12部运转不停的扶梯载着川流不息的顾客，货架之间是整洁宽阔的人行通道，人们可以在散步的过程中浏览选购世界性大品牌的商品。每件商品都采用最先进的条形码管理模式，收银区一字排开近百台收银机，顾客可以使用九种信用卡结账，十分便捷。购物中心的物流和营业经销彻底分开，无论是前台的收银员还是售货员，都有严格的流程管理机制。

新赛特购物中心的硬件设施和软件管理都堪称亚洲一流，有人甚至说比日本的八佰伴公司还现代化。然而，自开业以来，新赛特出现了一个十分矛盾的现象——客流量非常庞大，而营业额却少得可怜。不仅如此，在经营过程中，还出现了一些不和谐的"音符"。

由于客流量过大，本来设计得宽敞明亮的收银区，就显得有些逼仄，而一些不遵守公共道德的人就会乱插队、高声喧哗等。在开架式的营业区，也有很多不文明的现象出现，比如在昂贵的钢琴展区，光滑如镜的钢琴琴身和键盘上，到处留下了顾客即兴弹奏的印痕，尽管旁边用醒目的标志告知"高档商品，请勿触摸"。还有人在高档家具区流连忘返，虽然售货员好心提醒，还是有很多人拍拍打打、将赛特购物中心当作游乐中心了。

另外，最让购物中心头疼的是，商场里有很多梁上君子，曾经有一天丢失货物总价折合人民币高达30000余元。商场的保安经常顾此失彼，只好采用了很多土办法，比如小商品货架上配备了细线串连，鞋袜专柜的陈列从整双变为单只。但是这样也无法杜绝梁上君子的行为，于是，购物中心只好减少开架的商品种类，增加保安的监督力度。

和田一夫认为，购物中心的开架率至少应该保持在90%以上，否则就和传统零售业没有区别了，售货与保安、保洁等服务人员，不应该超过500人，因为过多的服务人员会降低消费者购物的自由度。和田一夫的"国际化经验"在刚刚迈向国际化的中国大陆，实在是行不通，比如，免费开放的厕所，因为消费者不遵守最起码的卫生准则，被迫改为收费厕所；无条件退货的规定，在消费者眼中，成了免费试用的护身符……

与此同时，八佰伴的经营理念，也和中方管理者发生了严重的冲突。中国人比较习惯以销售业绩作为考核的依据，习惯于按月计算的奖金奖惩制度，而八佰伴公司推行的是年底分红的制度，而且考核员工的标准也不仅仅是销售出多少商品，还包括服务态度、服务质量等软件考核。中方人员实在无法理解，私下里议论说："我们辛辛苦苦，工作了一年，还不如那些赔着笑脸，不停鞠躬的员工。这样做很不公平。"

面对中国的特殊国情，八佰伴公司派驻赛特购物中心的管理者也显得束手无策，只能感慨文化差异是一道不可逾越的鸿沟。后来，连向来自信满满的和田一夫也不得不接受一个现实——如果不加以变通，八佰伴公司通行世界的管理经验也毫无用武之地。

赛特购物中心在盛大开幕之后，并没有赢得丰厚的利润，反倒亏损了近3000万元，货物堆积如山，现金流出现了阻断，更致命的是银行的近两亿元贷款，几乎要压得人喘不过气来。

于是，1994年冬，和田一夫做出了一个壮士扼腕的决定：全面退出新赛特购物中心的管理。这样，一直过五关斩六将的商业大鳄，经历了"走麦城"的惨败。八佰伴公司和赛特购物中心刚刚度完"蜜月"阶段，就被迫尴尬地"分道扬镳"了。

善于总结反思的和田一夫后来说："很显然，我们的战略出现了偏差，我们要勇于承认失败，我想我们的失误主要在于市场定位不够准确。最开始的定位是北京乃至中国最高级的商场，所以我们走国际化路线，追求时尚和名牌，但是我们忽略了两个重要的因素，一是超市的核心业务应该是日常用品，而不是高档奢侈品；二是中国的国情还不具备高档的消费层。"

其实，和田一夫还有意无意地忽略了一个原因，中国消费者的素质亟待提高，古语有云：仓廪实而知礼节。在物质生活条件不算发达的中国，我们的消费观念和消费习惯都需要照亮和启蒙。正如西方谚语所说：罗马不是一天建成的。同样的，文明习惯的养成也不是一朝一夕的事情，需要几代人的文明素质的熏陶和积淀。

1994年的冬天，和田一夫和他的管理团队败走京城，但是他们也并非是失败者，至少，他们以国际化的标准，重新定义了超级市场的概念，给改革开放初期的中国市场吹来了一股春风。今天，我们已经能够从容地在超级市场购物，不再仅仅是好奇和围观，偷窃、大声喧哗、损坏公物等不文明的消费习惯也越来越少。不可否认，我们要感谢90年代初，八佰伴公司北上京城，给我们上的一堂文明素质教育课。

第四节　真正的失败是重复失败

> 失败就像一块石头，对于弱者来说，它是一块绊脚石，使你却步不前；对于强者来说，却是垫脚石，使你站得更高。
>
> ——巴尔扎克

八佰伴集团公司要进军泰国市场。经过周密的市场调研，和田一夫将泰国"攻坚战"的第一场战役放到了曼谷。当时，曼谷的日资零售企业已经很多了，比如吉之岛公司、伊势丹公司、崇光公司等日本的知名企业，早已经抢滩登陆曼谷市场。八佰伴集团公司是一个彻头彻尾的"新人"，那么如何从已经成熟规范的市场中抢得销售份额，就成了摆在和田一夫面前的一道难题。

泰国是新兴的亚洲市场，但是国民的人均收入并不高，只有不到2000美元。在商品零售业有条不成文的法则，一个成熟市场的平均国民收入至少要达到4000美元。面对前有同行的"围追堵截"，后有市场不规范的阻碍，这些不利条件让八佰伴集团董事会的其他成员打了退堂鼓，大家纷纷质疑和田一夫的决策是不是过于冒险了。

和田一夫说:"所谓的冒险,不过是不敢开拓的代名词,我们还没有试过,怎么知道会不会成功呢?再说,我们都知道21世纪将是亚洲的世纪,而泰国地理位置十分优越,马六甲海峡是亚洲的生命通道,我们如果现在不进军这个新兴市场,将来再想进去,要付出比现在多几倍的代价。"

最后,和田一夫力排众议,在曼谷的中心地段租赁了土地,建起了规模空前的大超市。在签订租赁合同的时候,按照当地的惯例,要预付10年的租金,但是八佰伴集团董事会认为,商业惯例是预付5年的租金,正当双方僵持不下的时候,和田一夫却做出了一个大胆的决定——预付了20年的租金。

大家又开始纷纷指责和田一夫胳膊肘往外拐,"出卖"集团的利益,和田一夫还是不为所动,坚持预付资金的决定。事后的发展证明,和田一夫有着高瞻远瞩的见识,后来,随着泰国经济的飞速发展,这块用地的地产价格已经上涨了5倍之多,这让预付了20年租金的八佰伴坐收渔翁之利。大家不禁敬佩起和田一夫的远见卓识。

和田一夫的大胆决策还远不止这些,他规划了当时令人咋舌的超市营业面积,并在这个寸土寸金的豪华地段建造了可以容纳3000多辆车的停车场。这又招致了不少非议:"这么大的营业面积,营业额上不去怎么办?这不是典型的好大喜功吗?""在这么好的地段,竟然牺牲营业面积,修建与我们毫不相干的停车场，我们的董事长是不是太疯狂了？"

和田一夫听到这样的流言蜚语，只是淡淡一笑，他并不是一个喜欢跃进冒险的人，和田一夫的做事风格低调而沉稳，一旦认准了目标，就毫不犹豫地大干快上，这一切，都是建立在调查研究、掌握第一手材料的基础之上。

在建造曼谷八佰伴超市之前，他数次来到曼谷进行实地考察。他发现这个新兴的都市，到处是新建的建筑工地，一派欣欣向荣的繁华景象。他不禁陷入了沉思：或许现在患有严重的"都市病"的东京就是未来的曼谷，最大的难题就是交通问题。东京的道路经常陷入堵车的状态，本来畅通的道路变为了免费的"停车场"。我们八佰伴公司作为一股新势力，如何在同其他超市的竞争中胜出呢？我们必须有自己独特的优势，要运用有前瞻性的目光，为消费者提前设计好停车场。"

果然，当曼谷的人口达到近700万的时候，汽车的保有量已经达到了200万辆，几乎每个家庭一部汽车。随着私家车的不断上路，在人口急剧膨胀的曼谷，也出现了大都市的"都市病"，交通拥堵不堪，因为找不到停车场，很多先前生意兴隆的超市，营业额也直线下降。但是八佰伴集团公司向顾客提供免费的豪华停车场，一下子和其他超市拉开了距离，在曼谷顾客的心中，八佰伴超市是真正为消费者着想的，大家都愿意到提供优质服务的八佰伴超市消费。

和田一夫的一个小创意，带来了财源滚滚的利润。后

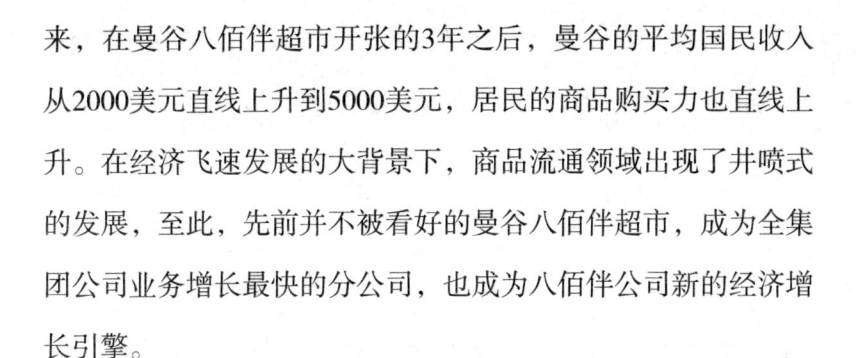

来，在曼谷八佰伴超市开张的3年之后，曼谷的平均国民收入从2000美元直线上升到5000美元，居民的商品购买力也直线上升。在经济飞速发展的大背景下，商品流通领域出现了井喷式的发展，至此，先前并不被看好的曼谷八佰伴超市，成为全集团公司业务增长最快的分公司，也成为八佰伴公司新的经济增长引擎。

这时候，大家都纷纷向和田一夫表达敬意，并问他是如何做到料事如神的？

和田一夫笑了笑，谦虚地说："我哪里会什么未卜先知，我不过是将更多的时间花在了调查研究上罢了。还记得我在花菱超市上的教训吗？那个时候我年轻气盛，并没有做什么市场调研，就仓促地决定实施新项目，结果，我们的公司经过了几年的时间，才消化了这个不良资产。从那以后，我就吸取了一个重要的教训，凡事都要进行预判，不能靠盲目和热情做事。这也算是失败带给我的启示吧。"

俗话说：前事不忘，后事之师。如果是一个善于以史为鉴、以前事为师的人，那么他就不会在同一个地方跌倒两次。失败并不可怕，可怕的是不能总结经验教训，在同一个问题上犯两次或两次以上同样的错误。

现实生活中，每个人都有过失败、甚至惨败的经历，既然这是人生必然经历的一幕，那么最重要的就是我们如何看待失败了。和田一夫先生将自己犯过的错误在头脑中"装订成册"，好像是我们学生时代必备的"改错本"，每一次直面自己的错误，就是向成功迈出的坚实的一步。

第五节　做别人不做的事

> 发表自己的不正确的意见，要比叙述别人的一个真理更有意义；在第一种情况下，你才是一个人，而在第二种情况下，你不过是只鹦鹉。
>
> ——陀思妥耶夫斯基

八佰伴集团公司的海外业务发展得有声有色，但是在它的发源地——日本八佰伴公司却显得落后了，因为公司发展得比较早，所以店铺老化，设备陈旧，很多设施都是几十年前的旧货。所以和田一夫决定，与日本八佰伴公司董事长和田黄昌商量一下公司的未来发展。

和田黄昌历来十分敬重自己的哥哥，他也对日本八佰伴公司的发展状况感到不满，同时，作为董事长，心里也充满了自责。

和田一夫说："你看，我们的海外业务已经走上正轨

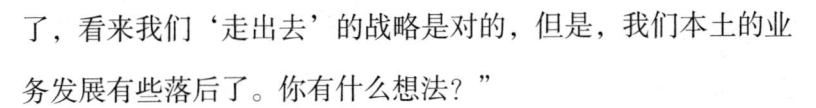

了，看来我们'走出去'的战略是对的，但是，我们本土的业务发展有些落后了。你有什么想法？"

和田黄昌发现哥哥并没有责怪自己的意思，心头不禁涌上了一股暖流，他低着头，嗫嚅着说："对不起，都是我领导不力，让公司的发展拖了集团的后腿。我实在应该负主要的责任，我们日本的商业环境已经十分成熟了，市场竞争也十分激烈，所以，我建议扩大营业规模，和竞争对手展开正面竞争。"

和田一夫摇了摇头，他指了指自己的头，说："黄昌，凡事要多动脑思考，你想想，我们要是再扩大规模，不还是重复先前的经营模式吗？我的看法是，要想做到盈利，必须做到人无我有，人有我优。这样才能实现差异化的经营。我准备把新加坡分店的经营模式引入到国内，建造新的销售航母。"

和田一夫的决定是引进一种全新的销售模式。在新时代，单纯的购物已经不能满足人的日常需要了。现在的购物并不是付钱购物那么简单，而是一种休闲购物的综合体验。

和田一夫将八佰伴新超市命名为"新世纪超市"。和传统百货零售商店不同的是，新世纪超市并不以百货零售为主，而是以百货零售为中心，建造一个规模庞大的建筑群，四周环绕着种种配套服务设施，有世界各地风味的美食一条街，有世界各地的奢侈品专卖名店，还有各种文化体验设施，以及装修豪华的演艺场所，堪称是休闲大本营。

新世纪超市总建筑面积约为60000平方米，其中百货零售超市的面积仅占四分之一，剩下的是环绕四周的饮食街和文化设施。其中穹顶的演艺大厅被命名为国际文化会馆，总面积达2000平方米，旁边是室内体育馆，里面建有游泳池、健身房和旱冰场等，在体育馆旁是美食一条街，总面积达近10000平方米，几百家各式风味饭店汇聚一堂，中国各地美食、意大利式美食、韩国料理、南美烧烤等等，是上世纪90年代日本最大的美食一条街。

新世纪超市建造在寸土寸金的黄金地段，和田一夫还兴建了一个能容纳2000辆汽车的停车场，以方便有车一族的购物需求。

总之，新世纪超市是一个新型的商业航母，如果你来到这里，不仅所有的商品可以一站式购齐，而且日常的休闲娱乐体验也十分丰富。这真的应验了和田一夫的预言："未来的商业模式，并不是简单的购物，而是注重体验，实现人的所有文化需求。"

与此同时，和田一夫将差异化经营模式发挥到了极致，他在零售行业率先研发了一套软件，实行了会员制管理，将顾客的需求和购物信息全部输入计算机，进行综合化管理，用以调整公司的进货渠道和经营策略。这样不仅方便了顾客的购物，而且让超市的进货更有针对性，可谓是一举两得的举措。

和田一夫还将新世纪超市变为一个大的仓储型超市，利用

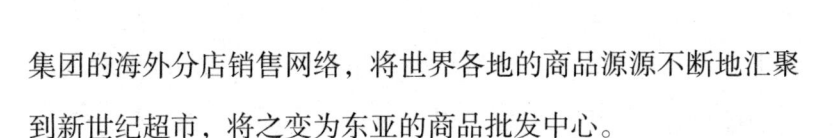

集团的海外分店销售网络，将世界各地的商品源源不断地汇聚到新世纪超市，将之变为东亚的商品批发中心。

新世纪超市的投资规模是135亿日元，当年的营业额就实现了盈利。当年投资，当年就实现盈利，和田一夫又以科技手段和高瞻远瞩的战略眼光，创造了日本商业史上的奇迹。

和田一夫说："我的经营理念很简单，就是要差异化经营，一个企业要想在激烈的市场竞争中获得生存和发展，必须有自己独特的东西，要么是独特的产品，要么是独特的服务模式。而在新世纪的大背景下，随着物流业的发展，要拥有独特的产品经营权几乎是不可能的，我们只能在服务层面上做文章，我们的服务和营销系统就是要做到与众不同，才会获得最终的成功。我的口号是做别人不做的事，做别人做不到的事！"

无独有偶，世界上的成功企业大多有着与和田一夫相近的经营理念。比如在瑞典，一个商人开办了一家"独特公司"，专门生产市场上罕见的商品，比如一件商品由于升级换代，已经停产多年，这家公司就开启定制业务，满足顾客的需求，不过顾客也要付出不菲的价钱。

再如，一个德国商人专门开设了一家"奇怪商店"，专门为特殊人群服务。比如多一个手指头的手套，加大加肥的衣裤，缺少一条腿的裤子，驼背者专用的桌椅等等。这些看似奇怪的商品，其实有着广阔的消费需求，但是很多商家都不做这类生意，在市场上很难买到这类商品。正因为他们瞄准的是市场的稀缺资源，所以短期内根本没有竞争对手，而销售盈利也是顺理成章的事情，所以，从这个角度上看，商业运作应该善于发现商机，敢为天下先，自然会得到丰厚的回报。

"这个世界，什么都可以模仿，但是重要的是模仿之后的创造。所以要做就要做人家没有的，我们才能在社会上立足。"和田加津一直这么教育和田一夫，而和田一夫也一直将母亲的教诲铭记于心，不断地求变创新，始终在商战中保持清醒的头脑。终于成就了一代商业传奇。

YAOHAN

第四章　走出心灵的藩篱

- 第一节　微笑是最好的武器
- 第二节　爱是最大公约数
- 第三节　爱的接力
- 第四节　创新者生存
- 第五节　换个角度想一想
- 第六节　心理训练营
- 第七节　鱼和熊掌
- 第八节　精诚所至，金石为开
- 第九节　梦想照进现实

YAOHAN

第一节　微笑是最好的武器

> 一切的和谐与平衡，健康与健美，成功与幸福，都是由乐观与希望的向上心理产生与造成的。
>
> ——华盛顿

今天，40岁以上的中国人，差不多都会记得一部日本电视连续剧——《阿信》。这部20世纪80年代引入中国的电视剧，当年播出时可谓盛况空前，收视率节节攀升。大家都为剧中主人公阿信的坚忍和努力而感到钦佩，也为她一生多舛的命运唏嘘不已。这个貌不惊人的女人，以女性独有的敏锐和不屈不挠的奋斗精神，感动了千千万万的中国人。阿信的原型就是八佰伴企业的创始人——和田加津。

作为八佰伴公司董事长和田一夫的母亲，和田加津在她漫长而传奇的一生中，经历了无数次商战浮沉，但是始终以谦和、从容的微笑，面对人生的起起落落。她被称为八佰伴公司真正的灵魂人物，因此，微笑着的和田加津也成了八佰伴公司的招牌形象。

1977年末，赤字缠身的八佰伴公司巴西分公司，正面临资产重组的困境。焦头烂额的和田一夫，将自己的儿子也是得力助手和田光正派到巴西，担任风雨飘摇的巴西分公司总经理。

在一个寒风凛冽的黄昏，和田光正收拾着赴任的行李，这个年轻人的脸上透着和年龄不相称的沉稳，但是眉宇之间也流露出一丝焦虑。毕竟，此行面对的不是风光无限的剪彩、奠基，而是要面对无数个债主和怒火中烧的八佰伴员工。

这时，和田光正的房门被推开了，和田加津来到孙子面前。她不动声色地提着一个小旅行箱，对着愣在那里的光正说："光正，这次去巴西必定有很多困难，我陪你去吧。"

"奶奶，这次太远了，而且那边的情况很糟糕。我看还是算了吧，等情况好一点您再去好不好？"光正担心奶奶的身体，于是关切地说。

"我去就是解决问题的，在家里也是闲着，正好去巴西，说不定我这把老骨头还有点用处呢。"不论光正如何劝阻，和田加津始终面带微笑，慈爱地看着孙子。

和田一夫也闻讯赶来，劝阻妈妈不要去巴西，但是和田加津始终一言不发，只是微笑着重复一句话："我要去巴西。"

祖孙俩终于踏上了巴西的土地。在走下飞机的一刻，加津对光正语重心长地说："虽然银行财团和律师们都在做着努力，可是我们更要付出努力，毕竟只有自救才是最好的办法，凡事都不要指望别人，更别指望奇迹。"

和田光正用力地点点头，将奶奶的嘱咐牢牢地记在心头。

两个人到了分公司之后才发现，情况要比在日本国内了解的更糟糕，巴西分公司已经资不抵债，有一千多家债主每天轮番上门，催债的人甚至在八佰伴公司门口拉起了讨债的横幅。

和田光正开始了和债主们艰难的谈判工作。日本财团的支持资金需要分期到账，于是和田光正要做的就是让这些债主耐心等待。和田加津主动请缨，去和那些债主面对面地谈谈："我必须出面，而且是找那些最难缠的债主。要知道，解决问题最好的办法就是面对这些问题。"

和田光正拗不过奶奶，就让她去找一个最大的债主席尔瓦谈谈。席尔瓦是八佰伴公司巴西分店的房东，一直嚷嚷着要收回店面，并拒绝和八佰伴公司谈判。很多小债主都看着八佰伴公司如何处理这个棘手的问题，如果能说服席尔瓦，巴西分店的危机也会迎刃而解。

席尔瓦是个怪老头，脾气倔强、性格耿直，先后派去的几批谈判人员都被席尔瓦骂出了家门。

和田加津来到席尔瓦的住所，她进门之后，先是给席尔瓦先生深深地鞠了一躬，然后才从容地说："对不起您，都是我们的不对，让您生气了。我特意从遥远的日本来到巴西，向您亲自赔罪，如果您能原谅我们的幼稚错误，就请您继续租给我们房子吧。"

"哼！"席尔瓦只是冷哼了一声，看了一眼眼前这个老太太，就转过身子浇花去了，根本不理会和田加津的话。

和田加津还是保持着矜持而温和的笑容，她还是不疾不徐地诉说着八佰伴公司的苦衷，不停地鞠躬，恳求席尔瓦能与八佰伴公司继续合作。但是席尔瓦依然不为所动，和田加津只好返回了宾馆。

第二天，和田加津依然去拜会席尔瓦先生，以温婉的语气和谦卑的态度，不断鞠躬恳请席尔瓦先生能撤销对八佰伴公司的法律诉讼，结果仍旧是一无所获。但是和田加津还是平静地离开，毫无沮丧之情。

第三天、第四天……一连六天，和田加津天天去拜访席尔瓦先生，态度更加谦恭，微笑更加真诚。不过席尔瓦先生就像铁了心一样，根本不为所动。连和田光正都看不过去了，觉得奶奶这么大年纪了，还要受到这样的冷落和屈辱，实在是过意不去，但是和田加津毫不介意，还要再试一次。

第七天，和田加津又来登门拜访。可是这一次，还没等她开口说话，席尔瓦先生竟然面带微笑，给和田加津倒了一杯咖啡："都说我是个怪人，我看您也是，如此执着，就是铁石心肠也要被您感动了。来吧，老太太，我们坐下来谈谈吧。"

和田加津连忙鞠躬致意，她的真诚和微笑，打动了自己的谈判对手。两个人握手言欢，很快达成了新的租赁协议。

席尔瓦后来说："和田加津从容淡定的微笑，让我相信，与八佰伴公司的合作，必定是愉快的。因为一个人，不会连续七天伪装自己，再说发自内心的微笑，也是伪装不出来的。我们的合作不是因为金钱，更不是因为法律，而是因为一个甜蜜的微笑。"

后来，别的债主也纷纷效仿席尔瓦的做法，与八佰伴公司冰释前嫌，重新合作了。八佰伴公司的债务危机，被和田加津的执着和微笑，轻易地化解了。

八佰伴巴西分公司在重建之后，焕发了新的生机，不仅偿还了贷款，而且盈余率开始有了大幅度提高，一跃成为巴西零售业的翘楚。

而和田加津的微笑，也给孙子和田光正上了一课：商场其实就是人和人的交往，不是冷兵刃的刀光剑影，而是人情世故的交流。有时候，润物细无声的微笑，也会让百炼钢化成绕指柔。

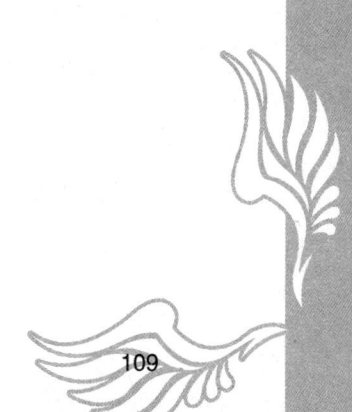

第二节　爱是最大公约数

> 对于我来说，生命的意义在于设身处地替人着想，忧他人之忧，乐他人之乐。
>
> ——爱因斯坦

和田一夫非常尊重自己的母亲，认为母亲的精神是八佰伴公司最宝贵的财富。和田加津虽然年事已高，但是仍然放心不下八佰伴公司的发展，在她的心里，八佰伴公司也是她的孩子。公司什么时候出现状况，她总要主动请缨，为公司的发展献计献策。和田一夫戏称自己的母亲是"最伟大的救火队员"。

新加坡的八佰伴分店开张之前，和田加津作为公司董事代表，对招聘的当地员工进行岗前培训。本来和田一夫觉得母亲年事已高，不适合长途奔波，但是和田加津毫不介意，她总是说："趁着我还能动弹，我要将最正宗的八佰伴公司精神，讲给新来的孩子们听。"

但是这一次的培训，却遭遇了一次信任危机。

和田加津的讲课，第一讲总是从"孝敬双亲"开始，因为

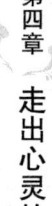

她发现现代的年轻人，缺少这方面的教育，于是她先讲了八佰伴公司的员工要懂得感恩的故事。

这时候，一个员工站起来说："我们来这里从事的好像是服务行业，和家庭并没有什么关系。"这些员工并没有将眼前的老太太放在眼里，认为她不过是一个普通的日本家庭妇女。有人甚至窃窃私语，觉得公司培训也太不严肃了，让一个老太太来絮叨这些家长里短。

面对交头接耳的员工，和田加津依然镇定自若，她微笑着看着这个持有异议的员工，语重心长地说："孩子，我想问你一个问题，我们不知道生命是从哪里来的，能知道我们要往哪里去吗？同样的道理，如果我们对亲人都不知道感恩，还能对陌生的顾客怀着感恩的心态吗？要知道，没有他们的支持，我们也就没法生存了。"员工们这才发现，眼前的老人，并不是普通的家庭妇女，而是一个充满了人生智慧的老人。大家听课的热情开始高涨起来了。

接下来，和田加津又开始讲解第二课——八佰伴的企业文化精神。和田加津说："我们要处理好个人和集体的关系，只有每个人静思冥想，思考白天工作的得失，才能聚集大家的智慧，让公司更强大。"

和田加津的"静思冥想"说，又引起了一些学员的异议。原来，新加坡是一个多种群的国家，华人、印度人和马来人等构成了社会的主体，宗教信仰也呈现出多元化的倾向，包括伊斯兰教、基督教和佛教、道教等。

一位员工是伊斯兰教徒，他站起来对和田加津说："您说的有些不妥，你们日本有日本的神灵，我们伊斯兰教徒只信仰真主安拉，如果来到八佰伴只能信仰你们的神，我宁愿辞职不干。"这个员工刚说完，旁边的佛教徒和基督教徒都纷纷表示，这是涉及宗教原则的问题，如果不能做出一个合理的解释，员工们不仅要辞职，而且还要到法院起诉八佰伴公司，因为这些言论妨碍了他们的宗教信仰自由。

眼看着培训课程，就要演化为一场宗教信任的冲突。

和田加津还是保持着微笑，她也没料到自己的一句话，会引起这么强烈的反响。她向大家招了招手，示意员工坐下。然后向大家深深地鞠了一躬："没想到我的一句话，会引起大家的误会和反感，实在是不好意思。我诚挚地道歉。"

接下来，和田加津话锋一转："但是，我要说的不是宗教式的静思冥想，我更不想把日本的宗教强加给大家，而八佰伴公司也不是什么传教机构。我说八佰伴的企业文化精神，是个体和集体的关系，指的是我们的目标——爱。爱自己、爱家庭、爱集体、爱全人类。这也是八佰伴追求的终极目标。"是啊，尽管宗教信仰和教义有分歧，但是，谁又能说爱不是人类最伟大的情感呢？

"您信仰真主安拉，还有您信仰基督耶稣，您信仰佛祖如来，我们都尊重您的宗教信仰，如果我们能找到信仰的最大公约数——爱，我们不就是最幸福的一家人吗？来，孩子们，都互相握握手，我们是八佰伴之家的兄弟姐妹啦！"和田加津的话，赢得了员工们热烈的掌声。一场剑拔弩张的危机，就这样化险为夷了。

后来，和田一夫问母亲，是什么力量促使她化解了这场风波，和田加津对和田一夫说："我们公司提供了千百万的产品，供消费者选择，同样的，我们要包容员工的思想，成为思想信仰多元化的大家庭，只要我们找到思想的最大公约数——爱。"

第三节　爱的接力

> 慈悲不是出于勉强，它是像甘露一样从天上降下尘世；它不但给幸福于受施的人，也同样给幸福于施与的人。
>
> ——莎士比亚

和田一夫对母亲充满了感激和钦佩之情。这个"当代阿信"白手起家、历尽磨难，终于凭借隐忍和执着，创立了闻名世界的企业——八佰伴公司。

凭借电视连续剧《阿信》的传播影响力，故事的原型和田加津俨然成为了全亚洲瞩目的明星式人物，成为了青春励志的样板。

然而，和田一夫却满腹委屈，认为大众误解了自己的母亲："不知道什么原因，我的母亲被称为阿信，要知道，艺术是艺术，而生活就是生活。我母亲并不如阿信那么完美，但是她更真实也更伟大。"和田一家每到一处，大家都要争相目睹现实版"阿信"的风采，这也让和田一夫苦恼不已。

1990年10月，和田一夫首次来到中国，而他的母亲也同机前往。这次中国之行的明星并不是八佰伴公司的总裁和田一夫，而是他的母亲——"当代阿信"。中国政府对此次访问极为重视，还特意为患病的和田加津安排了针灸治疗。

在游览北京八达岭长城的时候，年迈多病的和田加津根本无法登山，但是她又特别想体会一下"不到长城非好汉"的豪迈。中方的接待人员就安排四个小伙子，将和田加津连带轮椅一起抬上了八达岭长城。和田加津十分感动，她一边流着热泪，一边回头与和田一夫说："孩子，你看看，伟大的中国人民还是保留着尊老爱幼的优秀传统，现在的日本人能做到这些吗？"

走在母亲身后的和田一夫目睹了这一切，也在心中暗自思忖：中国人对自己的礼遇和厚待，我们也应该回报他们些什么，可自己只不过是一个经营超市的商人，却成为一个文明古国的座上宾。看来，阿信的力量真是没有国界的。

和田一夫也是一个精明的商人，他发现阿信这一称谓，就像是一张无形的名片，让他在各处办事都畅通无阻，这种名人效应带来的价值，是花多少钱、做多少次广告也无法实现的。

于是，再接受媒体采访的时候，和田一夫就默认了自己是"日本阿信"的儿子。其实，在他的心里，阿信坚韧不拔的精神，正是母亲一生奋斗的写照。

在一次接受媒体采访的时候，有记者问和田一夫："听说您的母亲，正是风靡亚洲的《阿信》这部电视剧的原型，我们想知道，八佰伴公司的成功是否和电视剧中的阿信一样，靠着吃苦耐劳的精神才成就的一番事业，除了这些之外，您是否还有什么体会要和我们的读者一起分享的吗？"

这时候，和田一夫已经不与人解释阿信的原型问题了，也不去谈什么艺术和现实的关系，而是微笑着点头："您说得很好，吃苦耐劳不光是我们日本人，而且是全亚洲、全世界人民的共同美德，我的母亲也和阿信一样，凭借着这种精神，将八佰伴从一个杂货店，发展为一个跨国的超市连锁机构。在我的心里，母亲就是阿信，阿信的精神就是八佰伴的企业核心理念。这些已经像母亲赋予我的生命一样，深深地融入了我的血液里，我的生命里。"

这番告白虽然有推介公司形象之嫌，但是在和田一夫的心里，母亲的形象已经和阿信的形象密不可分了，她教给了和田

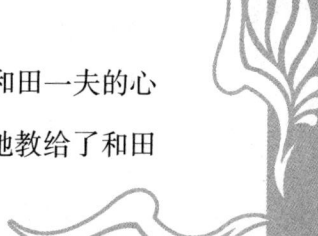

一夫伟大的人生美德——用爱去与人相处，用心去服务大众。和田一夫永远忘不了母亲的教诲，也永远记得她的服务热情，无论家里发生了什么不愉快的事情，只要站在柜台前，她永远是热情服务，让顾客如沐春风。而且，母亲一直反对抬高物价牟取暴利，她认为一家小杂货铺和一间现代化超市，都应该有共同的经营理念——将爱心，通过质优价廉的商品传递出去。

和田一夫说过："父亲给了我男子汉的勇敢和决断力，而母亲则给了我人类最伟大的情感——爱，我出生的时候，他们并没有给我多少财富，但这些精神就是我一生中最宝贵的财富。"因为早年奔波劳碌，晚年的和田加津身体状况十分糟糕。和田一夫心里十分难受，一方面，他作为八佰伴公司的掌舵人，要飞赴世界各地，巡视公司的业务情况。另一方面，母亲一直是自己和公司的精神支柱，他觉得作为一个儿子不能在母亲的床前尽孝，实在是愧对母亲的养育之恩。正所谓忠孝不能两全，和田一夫也陷入了两难的选择。

和田一夫已经实现了自己的"环太平洋连锁机构"的梦想。他的梦想可以跨越太平洋，可是他的内心，倒是宁愿停泊在母亲的怀里，做一个孝顺的儿子，世界上还有比母亲的港湾更温暖的地方吗？

和田一夫在接受美国《纽约时报》的专访的时候，动情地说："我永远感谢我的母亲，她教给我做人的道理，教给我宽容和博爱是人类的美德。所以，每当我离开她飞往世界各地

的时候，我总是在内心里说，等着我，亲爱的妈妈，儿子去去就回来。好像是小时候，妈妈在篱笆墙外向我招手，告诉我早点回家……"已过了花甲之年的和田一夫潸然泪下，他想起了自己的母亲，这个传奇般的伟大女性，在1994年10月，溘然辞世。

和田一夫说："我，是我母亲生命的延续，我们的八佰伴，也是母亲精神的延续，我和我的家族，要将母亲的爱心，以接力的形式传递下去！"

第四节　创新者生存

> 如果你要成功，你应该朝新的道路前进，不要跟随被踩烂了的成功之路。
>
> ——约翰·洛克菲勒

和田一夫有一句名言："做生意，其实是做创意！商业经营最基本的要诀就是不断地创新，因为企业所有的竞争力都来自创新。"求变和创新永远是企业保持活力的发展之源。

对于一个高科技企业而言，"不创新，毋宁死"。同样，对于超市这样的传统商品零售行业来说，也需要引入新观念，创造新的营销模式，才能带来更多的商业效益。

自从加入八佰伴集团公司，和田一夫就谨记母亲的教诲，处处留意学习，不断地将创新精神发扬光大。

和田一夫强调企业的经营策略要避实就虚，比如，截止到上世纪90年代初期，虽然八佰伴公司已经在海外开设了多家分店，却一直没在东京——日本的政治经济中心开设一家分店。很多员工表示不解，认为一家企业如果不在首都开设分店，就谈不上是具有全国影响力的企业。

和田一夫对此有不同的见解，因为东京的地价昂贵，物价也属于世界最贵的地区之一，而且人工成本奇高。而八佰伴公司的定位是为消费者提供物美价廉的商品，根本不符合东京的市场定位，于是和田一夫采用了"农村包围城市"的策略，舍近求远，在东京周边的爱知县和静冈县开设分店，一时间，在周末到郊县的八佰伴超市购物、休闲，成为东京都市白领的时尚选择。

和田一夫认为，与其争一个"拥有全日本影响力企业"的虚名，不如实实在在地开拓国际市场和国内的城镇市场。当你的企业已经具备了世界的影响力的时候，自然在国内也拥有了相应的影响力，这就是和田一夫视野开阔的独到之处。

在经营范围方面，和田一夫也走在了同行的前面，当其他超市还在为进货渠道费尽心机的时候，和田一夫提出了独特的经营理念，指出经营范围多样化是未来的商业模式。除了作为首要支柱的百货零售业之外,他又拓展了餐饮业、熟食产品加工业、家电连锁业、不动产开发等,多样化的经营不仅给消费者带来了更丰富的消费选择,更让八佰伴公司从单纯的购物中心,变成了休闲娱乐综合体,符合新时代的商业模式。

和田一夫的创新精神,还表现为惊人的预见性,以及大无畏的创业气魄和承担风险的勇气。比如,在香港回归的前期,诸多港企迁到海外的时候,和田一夫却能对中国市场保持着充分的信心,将八佰伴集团公司的总部迁到了香港,作为未来向中国市场进军的桥头堡。

和田一夫的反向思维,收到了巨大的回报,上世纪90年代以来,八佰伴公司凭借着先期进军内地市场的优势,在中国的市场经济大潮中占了先机。

和田一夫的创新精神,还表现为在细节中求变的态度。比如,在爱知县的八佰伴超市,虽然规模巨大,设施先进,但是营业额一直裹足不前。和田一夫接到报告后,亲自来到超市进行实地考察。他围着超市转了几圈,一语不发,陪同的主管都吃不透他"葫芦里卖的什么药",心里都忐忑不安,不知道和田一夫会怎么批评自己。

没想到,和田一夫微笑着对大家说:"我发现这个超市有一个缺点,只是一间超市而已,毫无特点,这样怎么能吸引更多的顾客来到这里消费呢?但是我们也不用沮丧,因为我发现在超市周围有一大片空地,我们可以在这片空地上做做文章。"大家面面相觑，不知道和田一夫究竟说的是什么意思。

第二天，超市贴出一则广告，上面以郁郁葱葱的森林为背景，写着一篇极富煽动力的广告语：此地风景旖旎，如果您是一位环保爱好者，凡来本店消费的顾客，本店免费赠送您一株幼苗，您可以亲手植下一株有纪念意义的小树，树前的铭牌可以留下您的姓名和留言，我们一起见证成长、爱情和感恩之情……

这个创意还真是奏效，经过广而告之，附近的消费者都愿意来到这里，购物加上留下纪念，真可谓一举两得。

同时，超市经过几年的绿化，变得山清水秀，草木葱茏，环境也得到了极大的改善。就这样，八佰伴公司只花费了极小的费用，却取得了巨额广告费也无法达到的效果，后来，这间超市成为了风景如画的园林式超市，也成为营业额直线上升的八佰伴旗舰店。

和田一夫的一个小小的创意，就将八佰伴超市的劣势化为优势，也将一个濒临破产的超市，转化为盈利的旗舰店。

和田一夫的创新举动，并不是什么惊天动地的创造，却能化腐朽为神奇，具有点石成金的魔力，为八佰伴集团公司营造了一个健康良好的生存环境，使得公司的发展进入了良性循环的轨道。

他用了近五十年的时间，将八佰伴集团公司从一个乡间杂货店，发展成为世界闻名的零售业航母，在全球十多个国家拥

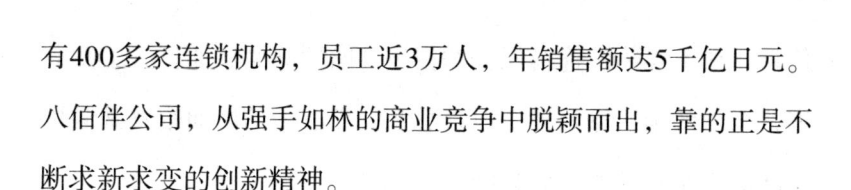

有400多家连锁机构，员工近3万人，年销售额达5千亿日元。八佰伴公司，从强手如林的商业竞争中脱颖而出，靠的正是不断求新求变的创新精神。

对于一个企业来说，只要掌握了创新这个法宝，就能在商界中立于不败之地！

在比利时，有一个啤酒品牌叫"哈罗"，因缺乏资金，且没有什么市场知名度，所以设备一直得不到更新，更根本没有钱做广告。

但是哈罗啤酒的销售总监林达是一个有心人，他也为工厂的经营状况发愁，一直想找到一个拯救工厂的方法。

一天，他来到布鲁塞尔市中心的于连广场，这时，他抬头看见了一个世界闻名的雕像——撒尿的小男孩。一下子触发了他的灵感：这个撒尿的小男孩，是布鲁塞尔的城市小英雄，他曾经用自己的尿浇灭了侵略者企图炸城的炸药导火线，挽救了布鲁塞尔一座城市的命运，于是，林达决定要做一次前无古人的市场营销活动。

第二天，来到于连广场散步的游客和路人发现，小男孩的尿，从洁净水变成了色泽金黄的啤酒，旁边竖着一个大幅广告牌，上面画着一个泛起泡沫的大杯啤酒，旁边还有一行字：世界上最好的哈罗啤酒，欢迎品尝！

大家为这种神奇的营销方式所吸引，很快，全城的居民都拿着杯子来到雕像前，接雕像喷出的啤酒喝，这样一传十，十传百,加上媒体的连篇累牍的报道,哈罗啤酒迅速打开了知名度,全年的销售额是建厂以来总和的近二十倍。而哈罗啤酒也一跃成为全欧洲的著名品牌。

我们说哈罗啤酒的成功,和八佰伴超市的成功,都有异曲同工之妙,无论是雕像营销还是植树营销,创意再巧妙,都有一个前提,企业提供的产品必须过硬,经得起消费者的检验,当我们具备了一定实力,只是欠缺一个新的创意的时候,别忘了和田一夫的名言——创新者生存。

第五节　换个角度想一想

要使人成为真正有教养的人,必须具备三个品质:渊博的知识、思考的习惯和高尚的情操。知识不多就是愚昧;不习惯于思考,就是粗鲁或蠢笨;没有高尚的情操,就是卑俗。

——车尔尼雪夫斯基

在八佰伴公司的创业时期,和田一夫遇到了一次信任危机。

随着八佰伴超市业务的扩大，公司的员工的工作量几乎翻了一倍，他们清早开市要接待顾客，迎来送往。晚上收拾货位，清点货物，并清洗店内卫生。

在八佰伴创业初期，大家都是八佰伴公司的老员工，他们与和田一家共同创业，无形中将八佰伴公司看作是自己的家，所以能够任劳任怨、毫无怨言。

但是到了后来，随着八佰伴公司业务的扩展，招募了很多新成员，新招收的员工并不能理解如此大的工作强度，到底是为了什么？每个人都要像机器人一样拼命地干活，得不到喘息的机会。

于是，有五名员工给和田一夫写了一封言辞激烈的联名信，里面的内容是痛陈八佰伴公司奴役员工，不从员工的角度考虑问题，强烈要求和田一夫改善劳动条件，增加劳动报酬。否则，要以罢工和辞职的方式表达自己的抗议。

这场小小的劳资纠纷，却在和田一夫的心里投下了一个巨石一样，荡起了巨大的涟漪。因为八佰伴公司素来以"和谐发展、快乐购物"为企业的文化精神，对外始终强调员工内部的和谐相处，但是今天竟然发生了罢工、辞职事件，这无异于给和田一夫当头一棒。

和田一夫拿到这封信，气得浑身发抖，他实在想不通，这些员工为什么要做出如此极端的举动。扪心自问，自己平素里对待员工如同自己的兄弟姐妹一样，态度和善并以礼相待。

和田一夫将这封信狠狠地摔到了桌子上。他想找来这五个人,当面辱骂他们一顿,然后让他们卷起铺盖走人。但是,冷静下来思考一番,他决定先召开一个资深员工参加的讨论会,听听这些老伙计的看法。

会议一直开到夜半时分,大家听到了新员工想要罢工的消息,纷纷表示不理解。一名50多岁的老员工慷慨激昂,对着和田一夫表示:"老板,这些年轻人太不像话了。他们和我们根本不是一条心,也不会为了公司的长远发展考虑问题。我先表个态,他们愿意走,就让这些毫无责任感的家伙走好了,我们愿意留下来,分担他们的工作。"

这次会议很成功,圆满地解决了新员工留下的工作空缺,并团结了老员工。和田一夫感到很满意,他喃喃自语:"还是老员工素质高啊,能从公司的角度考虑问题。"

他一边自言自语,忽然心有所悟:自己总是要求员工从公司的角度考虑问题,可是,为什么公司不能从员工的角度多考虑考虑问题呢?他又拿起了员工的联名信,发现这些新员工提出的要求其实很容易实现,无非是要求有休息的权利、增加一些薪酬而已。这是任何一个员工,到一个新公司之后都会提出的基本要求。

和田一夫一拍自己的脑袋:"是啊,我真的是糊涂了,总是从自己的角度思考问题,如果换做是我的话,也会提出这些基本要求。我总是强调从顾客的角度思考,看来,也需要从员工的角度，思考公司的管理问题了。"

于是，和田一夫找来了那五个写联名信的员工。

这五个诚惶诚恐的年轻人，以为董事长会训斥自己，并打发他们走人，没想到和田一夫笑呵呵地迎上前去，紧紧地和每个员工都握了握手。

和田一夫说："年轻人，你们的信我每个字都认真看了，要求一点也不过分，我宣布，超市要实行轮休制，每工作3天可以串休1天。同时薪酬也相应增加。"

这五个年轻人简直不敢相信自己的耳朵，没想到一时的激愤之言，竟然让和田一夫如此的重视。

从此，八佰伴的员工更加团结了，都争先恐后地完成自己的工作任务，他们知道，工作表现出色的人，不仅可以得到更多的休假机会，薪酬也会相应地提高。每个人的积极性都被调动起来了。

和田一夫也非常欣慰，自己又化解了一场信任危机。他并没有沾沾自喜，而是再一次思考起"换位思考"的问题。为什么老员工能义无反顾地支持公司呢？原因只有一个，他们和公司共患难同创业，对这家公司有着深厚的感情，工资待遇可以用金钱来衡量，但是对公司的认同感和荣誉感是多少钱都买不来的。

于是和田一夫宣布：在公司内部定期开展公司"认同感教育"活动，他通过音像和图片资料，将公司的发展史，做成了展览室，并建立员工的生活档案，在员工生日和家庭纪念日等重大节日的时候，公司都会送上红包和温馨的祝福。

从此以后，换位思考成为和田一夫考虑公司规划时的重要思想武器。他一方面强调顾客的感受，另一方面也重视企业内部的文化建设，让八佰伴不仅成为快乐购物的天堂，更成为八佰伴员工休戚与共的家园。

第六节　心理训练营

每个人都有一定的理想，这种理想决定着他的努力和判断的方向。在这个意义上，我从来不把安逸和快乐看作是生活目的本身——这种伦理基础，我叫它"猪栏式的理想"。照亮我的道路，并且不断地给我新的勇气去愉快地正视生活的理想，是善、美和真。

——爱因斯坦

和田一夫在创业初期，就一直在思考，八佰伴集团公司将来要做世界级的大企业，面对诸多文化背景各异的员工，如何

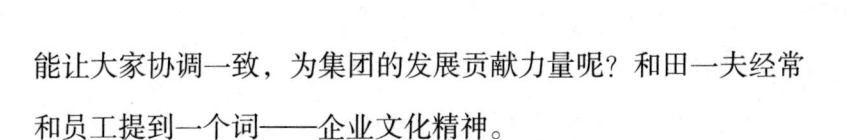

能让大家协调一致，为集团的发展贡献力量呢？和田一夫经常和员工提到一个词——企业文化精神。

准确地说，和田一夫并不是一个商人，而是一个充满着浪漫情怀的理想主义者，他极为厌恶日本企业文化中只知道赚钱的商业模式。在他的心里，商业利润当然是重要的事情，因为商业利润毕竟是企业生存和发展的前提条件。但是，他又有着诸多与众不同的见解："什么是一个伟大的公司？我想，仅仅用利润的标杆去衡量一家公司是否伟大，这样的时代已经一去不复返了，新世纪，我们的标准应该是哪家公司为人类进步做出的贡献大，而不是为自己索取的东西多。"

和田一夫反思了先前的管理模式，发现世界上的大公司，无一例外地将爱岗敬业作为员工的基本准则。和田一夫认为："让员工与公司之间保持着家庭式的和睦关系，让他们为同一个目标奋斗，这样的信条看起来完美无瑕，规则也天衣无缝。但问题是，老员工也许有这样的归属感，可是我们凭什么要求新员工也做到爱公司如家呢？"

于是，八佰伴集团公司做出了一个与众不同的规定：新员工进公司之后的培训课程，必须由经理级的主管共同参与。经理们同员工同住简陋的宿舍，一起打扫房间和庭院，一同劳动。这样，大家很快就互相熟悉，而且其乐融融，每个人都能迅速地适应自己的工作环境。

和田一夫要求公司的员工每周参加一次特别的例会——

快乐例会。所有员工都围坐在一张圆桌前，讲述自己的童年趣事，以及生活中的独特经历，大部分员工选择了自爆糗事的方式，会场上常常欢声笑语不断，不明就里的人还以为八佰伴公司请了什么喜剧团体在演出呢。

通过这种带有自嘲性质的交谈、对话。员工们发现，原来高高在上的管理者，也有着和自己相同的快乐和烦恼。自然，相互间多了一分尊重和理解。

和田一夫本人也经常出席这样的快乐例会。他在例会上说的最多的，是要大家激发自己的潜能："每个人自身都是一个无穷无尽、无比珍贵的宝藏，但是大多数人为什么没有发现自身的优点呢？那是因为每个人都习惯于封闭自己，而每个人又对别人的优点视而不见，吝啬你的溢美之词。这样的话，我们都成了守着金山要饭吃的家伙。我希望大家都能发掘自身最大的潜力，成为一个自信、快乐的八佰伴人！"

和田一夫在快乐例会上讲了一个发挥自身潜能的故事：

一个举重运动员，本来自身的实力很高超，但是对自己的实力总是缺乏足够的自信。他在训练中，本来具备冲击170公斤的实力，但是因为最初试举总是失败，所以他的成绩经常定格在150公斤。

"对不起，教练。我又一次让您失望了。"这名运动员沮丧地放下了杠铃，一边叹息着说："这恐怕是我能举过头顶的极限了，我是个不中用的人，实在抱歉。"

从此，这名运动员心灰意冷，要放弃训练。这时，他的教练偷偷地将杠铃的重量加到了170公斤，然后对他说："你要是不想练，我也不会强迫你的，不过在你离开之前，我想让你最后举一次你拿手的重量，我们合个影，就算是一次留念吧。"

这名运动员以为是自己最擅长的150公斤重量，就毫不迟疑地举起了杠铃，但是他发现自己连这个重量举得都有些吃力，以为是这几天疏于训练的结果，就没有在意，当他将杠铃举过头顶的时候，教练欣喜若狂，拥抱着他，并告诉了他真相。

这名运动员终于突破了自己的极限，走向了新的辉煌。

和田一夫说："其实，生活中的很多极限，都是自己设定的。人的潜力是巨大的，我们要给自己一些有益的心理暗示，这样才会越来越有自信。就像在报纸上说的，一个上了年纪的老太太，在火灾来临的危急时刻，竟然能将自己最喜爱的衣柜背在身上，逃出屋子。我们知道，在平常的状态下，这名老人无论如何也不会背起一个大衣柜，但是在一定条件的刺激下，她发挥了最大的潜能，就完成了这个奇迹。"

和田一夫环顾一下四周，以殷切的眼神激励大家："没有自信的人，再大的潜能也会被埋没。根据科学家的研究，人的大脑，只被开发利用了很小的一部分，如果我们将自己的潜能开发出一点点，就会创造出让世界刮目相看的奇迹。我想，大家选择了八佰伴集团公司，看重的并不是它现在的规模，而是对企业的未来有信心，更是对自己的未来有信心，因为，八佰伴的未来图景，靠在座的诸位亲手去描绘。"

会场上响起了经久不息的掌声，大家都知道，八佰伴公司的快乐例会，并不是一场"包治百病"的心理训练营，而是一次开发自我潜能的战前动员，我们如果听从了内心的召唤，那么，前进的道路上，还有什么能阻挡住我们前行的脚步呢？

第七节　鱼和熊掌

> 如果没有德行，人类就是一种忙碌、有害和可怜的生物，不会比任何一种渺小的害虫更优越。
>
> ——培根

八佰伴集团公司的服务意识，历来为世人所称道，在它旗下的超市，曾经推出过这样一项服务，每个顾客在结账的时候，无论你的消费额度是多少，都会得到一个印有八佰伴LOGO的购物袋，里面装有一个纸质钱包，一份服务满意度调查表，还有近期折扣商品的目录。

有的顾客开玩笑地说："假如我只是买一片口香糖，就可以获得这么多的馈赠，都有些不好意思了。"这样看起来有些"得不偿失"的营销方式，正是抓住了消费者的心理，因为贪图小便宜的顾客毕竟是少数，绝大多数消费者面对八佰伴贴心的服务时，都会提高购物行为的黏着度，这样八佰伴公司就将超市和消费者之间的关系，不是简单地定义为买和卖的关系，而是心贴心的朋友关系。八佰伴超市的营业额自然会直线上升。

八佰伴公司的服务理念，很多都不是和田一夫的独创的，而是他能够海纳百川。从其他经营者那里学到了什么好的经营理念，就马上"拿来主义"，用到了八佰伴公司的实践中去。

一次，和田一夫参加了一个大型商业经营研讨会。在会上，他第一次听到了美国贝尼连锁超市的创始人贝尼的故事，觉得深受启发。

会后，他特意找来贝尼的著作，一读之下，发现贝尼的观点，完全符合自己的经营理念。比如贝尼主张，商店销售的不仅仅是商品，还有道德良心。俗话说得好，"君子爱财，取之有道"，这里所谓的"道"就是良知、规则。

贝尼出生在密苏里州的一个普通的美国家庭，因为父亲是牧师的缘故，他从小就受到了基督教的影响，因为家里收入微薄，贝尼8岁的时候，就要独自出外谋生，他父亲对他说：

"这个世界上最珍贵的就是馈赠了，不过我们要珍惜上苍的恩赐，凡是想要得到的，要亲手去争取，如果依赖外力，则会一事无成。"贝尼用力地点点头，记住了父亲的教诲。

因为贝尼刻苦肯干，终于攒下了一笔资金，在革马拉镇开设了一间小杂货铺。革马拉镇出产铁矿石，工人的收入也很可观，所以，虽然镇上人口只有几千人，但是收入还算过得去。不过，贝尼并没有采用当时通行的赊账方式，而是现金交易，他每周将店里的商品价目表邮寄给镇上的家庭主妇，供她们选择，与此同时，贝尼为自己订立了经商五大原则：服务至上；质优价廉；稳健经营；拒绝暴利；反省自身。贝尼将自己的经商原则作为一种承诺，写在了商店门口，如果自己做不到的话，顾客们可以要求索赔。

在小镇口就可以见到贝尼连锁商店的大牌子，与商店牌子并列的还有一句广告牌——诚信商店。从此，"诚实"的贝尼名声大噪，贝尼也凭着诚实经商的精神，经过几十年的经营，在全美开设了1600多家连锁商店。

和田一夫发现，贝尼的经营思想有着深厚的哲学根源，比如，贝尼很重视人的因素，他认为人才是万物的根本，而他手下的员工，和自己的关系也不是雇用和被雇用的关系，而是平等的伙伴关系。所以他经常在例会上讲："我们的员工，是公司里最重要的资源，你们都是我的兄弟姐妹，是我的合伙人。所以，不是我给你们什么工薪，而是我们一起将事业发展壮大，走向灿烂的明天！"

和田一夫也学习了贝尼的做法，在公司内部实行平行管理，取消垂直管理中的诸多官僚职位，要求大家有建议和要求，直接向超市主管反映，这样就缩短了发现问题的时间，同时也压缩了领导决策的时间，八佰伴公司也走上了发展的快车道。

和田一夫常常亲自对新员工进行岗前培训，他经常语重心长地说："我们八佰伴公司需要的员工，并不是一个只知道赚钱的人，除了将八佰伴公司的工作视为一种职业之外，还应该将之视为一份事业，要对顾客有感恩之心，因为离开消费者，我们将成为无水之鱼，还要有对公司的感恩之心，因为离开了集体，我们就失去了奋斗的目标。"

他的用意是，将一些意志不坚定的人，排除在员工队伍之外，因为和田一夫认为，除了技能培训和观念培训之外，还应该加强道德教育，只有思想进步优秀的人，才能使顾客获得最好的消费体验。否则，如果以个人的好恶和情绪影响工作的话，会阻碍公司的发展之路。

八佰伴集团公司的晨会，最能代表八佰伴的企业文化精神，全体员工手拉手，围成一个大圈，先是分别鞠了一躬，然后昂首向天，高声呼喊："为了八佰伴，我们今天要加油！"随着激昂的口号声，大家开始了一天的工作。

八佰伴公司的晋升制度，也很有特点，并不一定以销售成绩作为升迁考核的依据，他们把最有工作热情的人，以及为顾客服务最用心的人，提升为超市总管，甚至让这些员工成为集团董事会的成员乃至最高的管理层。

"君子爱财，取之有道"，这是亘古不变的真理。这句话并不是叫大家舍弃利益，而是要我们明明白白赚钱，干干净净做人。该得的利润，我们要理直气壮地争取，但是违反良知的奸商行为，比如短斤少两、以次充好等，我们应该坚决制止。

和田一夫说："这个世界上，最重要、最珍贵的要素并不是土地、商品，甚至也不是金钱，而是人的品行和良知。"的确是这样，当商业利益和良知道德发生冲突的时候，八佰伴公司要求员工：鱼和熊掌不可兼得，舍鱼而取熊掌者也。

第八节　精诚所至，金石为开

> 诚实是力量的一种象征，它显示着一个人的高度自重和内心的安全感与尊严感。
> ——艾琳·卡瑟

对于一个企业的领导者，最主要的工作其实是和人的交流，对外要与客户与顾客打交道，对内要和员工进行思想交流，如果能和他们建立一种良好的信任关系，那么你就成功了一大半。

和田一夫对此深有体会："这个世界上，最主要的关系就是人和人的关系，如何处理这种关系，是我每天都要思考的问题。其实，这么多年我想明白了一个问题，实话实说就是最简单也是最有效的交流方式，每个人都能分清你是满怀至诚还是虚情假意，当然，我们都期待精诚所至，金石为开。"以诚相待，诚实做人，这是无论多么高明的沟通技巧都不能替代的最高境界，也是做人的至高境界。

和田一夫就曾经有过这方面的经历。和田一夫发现，随着八佰伴集团公司的扩张，资金和技术都不是主要的因素，人才因素是公司发展的主要动力。所以，和田一夫主抓各个分店的总经理，希望他们能为公司贡献自己的力量。

和田一夫根据多年的经验，总结了人才的五大基本特征：出身寒微，善于总结，拥有朋友与合伙人，有坚定的信仰，善于分享。

佐久间右二，是香港八佰伴公司的总经理。和田一夫发现佐久间完全符合自己对人才判断的标准，不仅个人工作能力突出，销售成绩卓著，而且对下属怀有一颗爱心，工作上并不发号施令，而是凡事身先士卒，在员工中享有很高的威望。和田一夫很欣赏他，于是有意提拔他成为公司的管理层。先安排佐久间在新加坡分公司工作了七年，并逐渐提拔他为新加坡分公司总经理助理，后来，为了开拓新市场，又有意将佐久间调到香港，担任公司总经理。

但是佐久间右二因为常年离家在外，十分想念故乡与家人，于是有心推辞。当他找到和田一夫，说明自己想法的时候，和田一夫沉默片刻，然后上前紧紧地握住了佐久间的手，直视着他的眼睛，诚恳地说："佐久间君，我认为这项工作非你莫属，香港的业务全拜托你了！"

佐久间右二听了和田一夫的肺腑之言，觉得和田一夫知人善任，是能识千里马的伯乐。常言说得好，士为知己者死，不为别的，就为和田一夫的一句话，也值得为公司奉献一切。

佐久间右二答应了董事长的要求，在香港分公司总经理的任期内，做出了很大的成绩，开拓了大陆及东南亚市场。

和田一夫后来说："我并不是恭维佐久间君，真是出于我的一片至诚，正因为他具备了领导者的能力，我才真诚地说他是最合适的人选，如果我当时只是虚情假意地敷衍佐久间君，我就失去了一个伙伴和好朋友，我们的公司也不会这么顺利地开拓海外市场。"

和田一夫总结自己的经验是，对员工，要以真情打动人心，同样的道理，对待顾客，也要以真情为前提，处处为他人着想，自然会收获一份理解和信任。

和田一夫认为，八佰伴公司的创业目标就是为更多的人造福，他将这个目标作为八佰伴公司企业文化精神的核心价值理念。他经常和员工们提及一个工作中的案例：

一天，无锡八佰伴分店来了一个小顾客，他需要一套蜡笔，但是价格不菲，他的妈妈因为经济条件困难，买不起这套昂贵的蜡笔。孩子只好流着眼泪，和母亲走出超市，这时候，一名八佰伴员工走上前，摸摸小孩子的额头，然后用温柔的声音说："孩子，你是不是很喜欢画画？"

孩子用力地点点头。这名员工说："这样好不好，我们先买一套便宜的蜡笔，要知道，只要用心去画画，即使是便宜的蜡笔，也能描绘出世界上最美的图画。"

孩子的妈妈感激地看着这名员工，而孩子也高高兴兴地接受了建议，临走的时候对员工说："谢谢您，我将来一定好好画画。"

和田一夫说："我们的员工，真诚地和顾客沟通，以质朴的语言，不仅巧妙地化解了尴尬的气氛，还传递了一种爱的力量，这正是我们一直提倡的，如果每名员工都能站在顾客的角度换位思考，就一定能提供更好的服务。要知道，越是能够替别人着想的人，就越能体会到更多的幸福，因为幸福总是偏爱那些真诚地生活的人。"

第九节　梦想照进现实

> 梦想如晨星，我们永远不能触到，但我们可以像航海者一样，借星光的位置而航行。
>
> ——史立兹

一天，和田一夫做了一个梦，梦中的海滩上，一条大蛇在逶迤前行，经过痛苦的蜕变，变成了一条巨龙，盘旋在晴空之上。

这一年是和田一夫的本命年，花甲之年的八佰伴公司掌门人对梦中的景象感到无比惊诧，他并不是一个迷信命运的人，但是对这种冥冥中的暗示还是心有所动，于是，和田一夫的头脑里始终盘亘着一个词——蜕变。

和田一夫发现，八佰伴公司也经历了几十年的发展，如果以现有的模式发展下去，或许接下来的几十年，公司仍然会四平八稳地发展下去。但是，如果想获得跨越式的蜕变，必须从内部开始一次改革。和田一夫始终无法忘怀自己年轻时候的梦想——建立环太平洋的商业连锁机构。

在蛇年伊始，和田一夫决心做一次伟大的蜕变。他连续召开了两个会议，先和公司董事会高层开一个通气会，请大家探讨自己对八佰伴公司未来的规划。接下来，又召集公司中层以上的管理者，向大家传达自己的改革精神。

和田一夫即席发表了一篇名为《梦想与蜕变》的演讲。

"我们的公司已经经历了几十年的发展，积累了丰富的管理经验，但是随着时代的发展，我们的很多管理经验已经显得落后了，如果我们还是抱残守缺、墨守成规，那么只会让我们的基业变成空中楼阁。所以，今天，不，这一秒开始，我们要经历一次痛苦的蜕变，只有这样，才会迎来化蛇为龙，腾飞的明天……"

和田一夫的演讲慷慨激昂，也让台下的员工听得热血沸腾。

接下来，和田一夫又详细地阐述了自己的规划。主要有三点蜕变，一是取消工作终身制，在同一个工作岗位上工作五年以上的员工，必须调离原岗位，从事新的工作；二是取消管理层的终身制，每年对中层管理者进行考核，能者上，庸者下；三是取消休息的固定模式，实行串休制度，但要保证每周休息三天的制度。

和田一夫的话，简直是一石激起千层浪。员工们沸腾了，因为这些举措都说到了员工的心坎上，这样的举措，改变了先前"一潭死水"般的晋升模式和休假制度，每名员工都有了提升和休息的权利。

不过，媒体和同行并不能理解和田一夫的规划，认为不过是搞宣传的噱头罢了，毫无意义。因为每周休息两天，是近几年才出现的休息制度，而八佰伴竟然一下子跃进到每周休息三天，简直是"拍脑袋"的盲目决定。

但是两年之后，八佰伴公司的新举措激活了员工的积极性，公司利润直线上升，于是，同行们开始纷纷效仿八佰伴公司的管理制度，大家不得不敬佩和田一夫的远见卓识。

和田一夫谦虚地说："我说的蜕变，也不是什么新创意，不过是出于对人的尊重而已，一个公司发展的成败，主要在于管理者自身的求新求变，更在于尊重人才，尊重劳动规律。如果一个人在同一岗位时间过长，会引发一连串的反应，比如倦怠、松懈等等，如果能将人才的流动，作为公司发展的原动力的话，我们的集体就会无往而不胜。"

要让世界改变，先需改变自身，这就是和田一夫独特的商业哲学。

正当人们认为和田一夫的改革已臻完成的时候，和田一夫又做出了一个让世人震惊的决定。他又向自身"开刀"，将改革的焦点指向了最高管理层。和田一夫向公司上下宣布——主动辞职让贤，先将自己就地免职，将八佰伴日本公司董事长的位置让贤给了弟弟和田黄昌，而自己则退居幕后，担任八佰伴国际流通集团的董事长。

37年前，年届花甲的父亲和田良平，将八佰伴公司董事长的位置让给了和田一夫，而37年后的今天，和田一夫又主动让贤，让更年轻的弟弟承担了更重的责任。虽然这个决定为八佰伴公司最后的破产埋下了祸根，但是从主动让贤的角度，和田一夫的做法无可厚非。

和田一夫为了实现将八佰伴公司发展为国际化企业的梦想，开始了痛苦的蜕变，因为只有扬弃、蜕变，才能重获新生。只有放弃日本八佰伴公司董事长的宝座，才能将自己从琐碎事务中解脱出来，然后有充足的精力思考八佰伴公司的国际化格局。

当和田一夫走出工作了37年的办公室的时候，不禁百感交集，哼唱起自己非常喜欢的一首民谣——男子汉就要闯闯看。

"男子汉啊男子汉，来到人世，无牵无挂，离开人间，无挂无牵，活在世上，就要闯闯看，男子汉就要闯闯看……"

YAOHAN

第五章　浴火重生的不死鸟

- ■ 第一节　破产的多米诺骨牌效应
- ■ 第二节　从头再来的勇气
- ■ 第三节　亡羊补牢犹未晚
- ■ 第四节　冷暖人间心自知
- ■ 第五节　快乐的哲学
- ■ 第六节　信念是远航的风帆
- ■ 第七节　人生是常开常落的花

YAOHAN

第一节　破产的多米诺骨牌效应

> 作为领导人，最好的锤炼方法是失败。
> 没有什么比经历失败更能锻炼人了。
>
> ——肯·塞福

1997年，日本经济界传来了一个爆炸性的消息，日本八佰伴公司因为经营不善，资不抵债而宣布破产。据八佰伴公司财务报表显示，公司欠下近15亿美元的债务，但是据民间传闻，八佰伴公司的债务额远远超过这个数字。

一个享誉世界的明星企业，竟然突然间如大厦倾颓，轰然倒下。而和田一夫家族的神话也就此终结。

要知道，八佰伴公司的业务遍及世界各地，在50多个国家都开设了分店，一旦宣布破产，失业的员工和负债的公司，以及其他因素积累到一起，对经济界的影响不啻于一次大地震。

和田一夫在宣布破产的发布会上，深深鞠躬，眼含热泪："我是八佰伴公司的总代表，对公司的失败负有不可推卸的责任，所以，今天我遗憾地宣布，日本八佰伴公司破产，但是，这只是我们八佰伴国际流通集团下属的一个日本企业的破产，我们还会东山再起的！"

开始的时候，和田一夫觉得自己还可以掌握形势，他在发布会上也信誓旦旦地宣誓：一定要不惜一切代价保住日本八佰伴公司，但是他发现，日本八佰伴公司的财务窟窿越来越大，其他公司不仅不能拆借资金，还被拖累丧失了自身的造血功能。这时候，如果和田一夫采用壮士扼腕的方式，将日本八佰伴公司的财务和八佰伴公司的海外业务切割开来，他至少还会保住八佰伴公司的海外业务。也许是对日本八佰伴公司的感情太深了，和田一夫好像是一个输红了眼的赌徒，这时候他已经失去了理智，将其他公司的利润源源不断地向日本公司投注。

但是日本八佰伴公司早已积重难返，和田一夫的努力也付诸东流。最后，他的海外业务也频遭破产。曾经的亿万富翁，变成了"一文不名"的穷光蛋。和田一夫说："我明知道要保住日本的母公司，是一件希望微乎其微的事情，但是，那是我的根基，更是父母创业的见证，我想尽了一切办法，很遗憾，我还是没能保住我们的希望，还让自己倾家荡产，一无所有。但是，我不后悔当初的选择，因为我不看结果如何，毕竟自己尽力了。"

和田一夫将日本八佰伴公司的破产的责任，全部揽了过来。但是，事情没那么简单，八佰伴公司的失败，实际上是家族管理体制的失败。

十年之后，和田一夫终于能坦然地面对这段历史，他对

《财经日报》的记者说："当年有很多传闻，甚至有一种荒唐的言论，说我们的公司盲目扩张，海外业务拖累了本土业务的发展，这是不值一提的荒唐言论，但是为了保住日本人的可怜的尊严，我并没有说出实情。其实，最大的原因是日本八佰伴公司做了假账。我的弟弟和田黄昌并不适合公司经理的职位，他对我说再给他一年的时间，来挽回颓势，我又犯了第二个错误，没有及时更换日本八佰伴公司的掌舵人。结果，就发生了令人悲痛万分的结局。"

所以，在八佰伴公司骄人的业绩背后，隐藏着巨大的危机，只不过在一片向好的数据面前，和田一夫根本没有察觉到自己正一步一步地走向深渊。

1992年，经过严格的审计，日本的银行财团停止了对八佰伴日本公司的金融支持，但是和田一夫仍然满不在乎，他将赌注压向了债券市场，发行了近400亿日元的债券。本来这也无可厚非，毕竟是一种新的融资方式，但是，正好赶上了日本股市持续低迷，债券持有者都不愿意将手中的债券兑换成持续贬值的八佰伴股票。这样，八佰伴公司发行的债券就从救命稻草，变成了会随时被引爆的"定时炸弹"。

八佰伴公司还是按照先前的经营模式，按部就班地进行海外扩张。但是，八佰伴公司在中国市场遭到了重创，它先前的经营模式反倒成了制约公司发展的掣肘。比如在中国经营高档商品的策略，而中国消费者早已习惯了质优价廉的日用商品，还没有建立起较强的品牌意识。再如条形码管理、信用卡结算等业务，也不能适应刚刚改革开放的中国国情。虽然八佰伴公司在中国内地的投资超过4亿美元，但是并没有实现预期的盈利，反倒是节节败退，多数超市的经营权被迫转手。

接下来，为了应对财务危机，和田一夫不得不出售包括香港在内的不动产，如，他以近6亿港币的价格出售了香港会展中心的办公单位，接下来又将自己在太平山上的豪宅低价售出，但是随着1997年经济危机的来临，八佰伴公司已经无法寅吃卯粮，只能更加频繁地出售各地的资产。他不得不将八佰伴公司大本营的超市经营权出售给自己的商业对手，以换取300亿日元的现金流。

真应了那句俗语：兵败如山倒。八佰伴公司的厄运远远没有结束，坏消息接踵而来，好像是多米诺骨牌效应一样。

日本股市传来一个坏消息，有所谓的内部人士透露，日本八佰伴公司已经陷入金融泥淖，无法提供充足的现金流。所以，八佰伴公司的股价一路狂跌，短短一周的时间，从近200日元跌至不足100日元。

1997年9月，负债总额达1600亿日元的日本八佰伴公司，向静冈县法院正式提出破产保护，两个月之后，香港八佰伴国际集团也宣告正式破产，随后，日本吉之岛集团正式宣布收购日本八佰伴公司。

于是，世界零售业的神话——八佰伴公司的大幕就此落

下，而一时风光无限的和田一夫变得一无所有，从亿万富翁变为穷光蛋。

第二节 从头再来的勇气

> 平静的湖面，练不出精悍的水手；安逸的生活，造不出时代的伟人。
>
> ——列别捷夫

八佰伴集团公司的破产，引发了一系列的连锁反应，这是日本战后最大的一宗公司破产事件，后来成为了世界各大商学院经典的反面案例。在现实生活中，对日本经济的冲击更为猛烈，首先是诸多银行财团蒙受了巨大的损失，而日本平民也感受到了这次破产风波的威力，有近万名日本八佰伴公司的员工因此失业，这还不算八佰伴公司的海外分公司的失业人数。

从另一个角度讲，一个历史悠久的企业破产，更痛苦的是当事人。

1997年，和田一夫接受日本法院的指控，宣布"自我破产"，交出自己的所有财务，包括世界各地的不动产和银行账户，他决心做一个负责任的企业家。在危机来临的时候，和田

一夫不是想方设法推卸责任，或是隐匿财富，而是积极偿还债务，他做出了一个让人意外的决定：要以余生来偿还债务。

　　和田一夫想起了热海市的那场大火，当年他少不更事，看到大火骤起，心里十分害怕，于是自顾自地逃了出来。他本来以为父亲会责怪他，没想到他的父亲和田良平只是拍了拍他的肩膀，安慰他说："没关系的，一夫，要是你觉得不痛快，那就哭出来好了。"

　　出了这么大的事，和田良平只是忙着救火，根本没有责怪儿子的意思，在他看来，这是一个人力无法掌控的天灾，面对灾难，人能做的只有微笑着活下去。当天晚上，和田良平竟然安排家人来到了温泉旅馆住宿。

　　和田一夫根本没有心思泡温泉，因为在火灾的当天，妈妈曾让他办理火灾保险，但是他因为贪玩，没有去办理保险，使得八佰伴杂货铺的损失得不到相应的赔偿。但是父母一点也没有责怪他，他们知道和田一夫的心里也不好受。他的父亲还和大家开玩笑："真是多亏了这把大火啊，我们家根本没有机会来这里泡温泉，以前总说来，但是家里的事情很忙，现在终于实现了这个多年的夙愿。老天对我们也很公平啊。"

　　和田一夫知道自己闯了大祸，于是低着头嗫嚅道："爸爸，我知道我错了，您打我一顿吧，或者骂我一顿也行。这样我心里会好受些。"和田良平说："好了，一夫，一切都过去了，现在家里什么都没有，我们要从零开始，所以，不要灰心丧气，你看看，我们的家人都在，这不就是最好的事情吗？"

和田加津也搂住了儿子："要知道，在一无所有的地方，反倒蕴藏着无尽的宝藏。"和田一夫用力地点了点头，他明白父母的用意：家里已经一无所有，我们能做到的，就是把坏事变成好事。

和田一夫对家人说："人生哪有一帆风顺的，不都是三起三落活到老吗？我们再苦，还能有那次大火苦吗？要知道，那次我们是真的一无所有，而现在，至少还有一个两居室。好吧，我们就从这里再次创业吧！"

和田一夫先是举家搬离了自己的豪宅，搬到一个租来的公寓里生活，这个公寓是一个普通的两室一厅，家中也没什么值钱的电器和家具，一夜之间，一家人仿佛从天堂坠入人间。和田一夫全家就靠着微薄的救济金生活。

和田一夫的女儿和田和子，也和父亲一样，承担了家族的责任，她安慰父亲："我们家的传统就是艰苦创业，我奶奶就是白手起家的，没什么大不了的，重要的是，我们全家能齐心协力，共渡难关。"

和田和子说到做到，她从一个衣来伸手饭来张口的富家小姐，变为了勤俭持家的好主妇。她的两个女儿在上海市读书，她每天早晨给孩子做饭团，顺便也为自己做一份，全家都很少到饭店吃饭，以节省下这些"奢侈的"费用，和田一家过得虽然十分清苦，但是一家人其乐融融，很少唉声叹气地抱怨。

和田一夫很欣慰，他觉得自己的家族还是很有希望的，他充满自信地说："中国人常说，星星之火可以燎原，我们家族总算保留着重新崛起的希望。"

第三节　亡羊补牢犹未晚

> 以铜为镜，可以正衣冠；以古为镜，可以知兴替；以人为镜，可以明得失。
>
> ——李世民

俗语说得好，停下来反思胜过盲目前进。是的，有时候在错误的道路上停下来，要强于沿着错误的道路继续走下去。

八佰伴国际集团公司，一下子变得土崩瓦解，表面看是一次偶然的金融危机造成的，实际上，深究起来有着内在累积的矛盾冲突。和田一夫在乡间隐居的时候，一直在反省自己工作上的失误，他将自己的错误归结为三点。

和田一夫发现，八佰伴公司破产的罪魁祸首，恰恰在于自己。这有些像一直在追查造成瘟疫的凶手的俄狄浦斯王，追查来追查去，发现真正的罪人是自己。虽然这样的结论有些荒唐，但是经过反思之后，和田一夫坦率地承认了自己的错误。

八佰伴国际集团公司从管理上属于家族式企业模式，整个八佰伴公司的管理层，呈现出金字塔形结构，在金字塔塔尖的决策者，就是和田一夫一个人。这种过于集中的权力，在某些方面有着无可比拟的优势，比如决策的迅捷性和绝对的权威性，但是在长期管理方面，属于一种陈旧不堪的旧式管理模式，和几万名海外员工的规模相比，一个人的能力毕竟是有限的，根本无法适应现代化的超级市场管理。

一旦和田一夫在公司未来发展的蓝图设计上出现偏差，一方面没有人敢于纠正和田一夫的错误；另一方面，一旦和田一夫的想法贯彻为具体的行动，会给公司带来无法估量的损失。

正如八佰伴集团公司的一位老员工说的那样："我们的董事长是一个很优秀的领导者，但是他总是试图做多面手，一会是前锋，一会是后卫，甚至还客串一下守门员，要知道，在竞技场上他一个人做多个人的运动，经常顾此失彼、焦头烂额。"

正是由于和田一夫对自己的管理能力过于自信，导致了八佰伴集团公司的人才培养一直处在断档的状态中，和田一夫被称为事必躬亲的诸葛武侯，虽然勤勉，但是难免会落得个"出师未捷身先死"的悲剧结局。这样，他就没有办法集中精力主抓大事，而变成了四处灭火的救火队员。

在八佰伴公司创立的初期，和田一夫一直顺风顺水，忙得不亦乐乎，员工们也乐得见到一个强力的领导，带领八佰伴公

司的航船迎风破浪。但是随着八佰伴公司海外扩张的脚步，中层管理人才的匮乏的劣势逐渐显现出来了，在被拉长的经营战线上，混乱不堪的内部管理已经成为阻碍公司发展的痼疾。

比如说，在八佰伴公司雄心勃勃地进军中国内地市场的时候，没有人注意到，在八佰伴公司的后方——香港的沙田地区的写字楼，竟然有一半的办公间是闲置的，在一路高歌猛进的背景下，几乎没有人注意到，闲置这么多的写字间，这在寸土寸金的香港，几乎是不可想象的。

再比如，家族式的管理，往往会导致任人唯亲的现象出现，日本八佰伴公司的总裁，就由和田一夫的弟弟和田黄昌亲自担任。公司选拔人才的标准不再是德才兼备，而是亲缘关系决定一切。这样一来，从最下级的采买开始，逐级虚报账目，甚至和田黄昌也向和田一夫隐瞒了日本八佰伴公司巨额亏损的事实。事实上，八佰伴公司早就金玉其外、败絮其中了，而不明真相的和田一夫却一直被蒙在鼓里。直到最后，当纸里包不住火的时候，和田一夫再想扮演救火队员的角色，已经是大势已去、无力回天了。

和田一夫反思自己犯的第二个错误是，好大喜功、决策随意。这个错误实际上是第一个错误的延续，正因为自己的权力过于集中，缺乏必要的监督和约束，才导致了各种决策的不科学现象出现。

在八佰伴公司发展的初期，对超市的选址往往有着科学的规划和严格的限定，一般是要在一个人口约50万的地区，开设一家八佰伴超市，这样既可以保证客源，又不至于使得两家八佰伴超市产生恶性竞争。但是，当和田一夫高调宣布进军香港市场的时候，他急于在新兴市场打开销售局面，并没有进行科学的市场调研，就盲目上马了一批项目。

比如，在香港远郊的一个老镇，竟然开设了一家近1万平方米的八佰伴超市，这个老镇，只有十几万常住人口，也不是热门的旅游景点，所以流动客源非常少。本来八佰伴决策层的意思是先建一家中型的超市试试水，没想到和田一夫在董事会上大发雷霆，认为大家犯了裹足不前的保守主义错误，在和田一夫的着力倡导下，这个八佰伴公司的形象工程，只维持了几年的时间，就匆匆关门大吉。

但是和田一夫并没有从自己的决策失误中吸取教训，而是接着犯了第三个错误——一意孤行、盲目扩张。

和田一夫最初进入海外市场的时候，先后在巴西和新加坡取得了巨大的成功，在成绩面前，和田一夫有些飘飘然了。他认为凭着自己多年的经商经验，在内地市场也会无往而不利。但是和田一夫却错误地估计了形势，他一再调整自己的经营计划，对数据进行人为地拔高，竟然宣布要建造世界最大的百货市场，还要在中国内地建立1000家连锁市场等。但是就八佰伴集团公司当时的财力来说，只能通过借贷的方式才能完成自己的豪言壮语，很快，八佰伴公司就吃了亏。

1991年，八佰伴集团公司还能实现盈利近6000万人民币，但是随着扩张的脚步不断加快，竟然在4年的时间里，在面积有限的香港又开设了7家分店。

从此，八佰伴集团公司开始了连年的亏损，已经达到了3亿港币的亏损额度，但是这并没有引起和田一夫的足够重视，他认为这不过是公司发展阶段不可避免的阵痛，并且以为会靠着八佰伴超市良好的服务和超高的硬件设施，扭转败局。

但是随着借贷额度的增加，公司的现金流越来越少，八佰伴终于出现了严重的后果。有人形容八佰伴公司的衰败，是一种新的蝴蝶效应，就好像是柔软的雪花，最初的时候并没有引起人的警觉，但是随着雪越下越大，渐渐的，最柔软的东西变成了巨大的无法挽回的灾难——雪崩。

和田一夫在总结自己失败的时候，乐观地说："俗话说，亡羊补牢犹未晚，我的错误从一开始就可以避免，而处于膨胀时期的我，并没有察觉到，自己的一只脚已经迈向了万劫不复的深渊。我今天能坦然地和大家说起这些，并不是我已经忘记了由于自己的狂妄无知，给自己和公司员工带来的伤害，而是希望后来的创业者能吸取我的教训，不要走上我的老路。这就是我，一个失败者的最终告白。"

这时候，收拾起讲义的和田一夫总要向着台下的听众深深地鞠一躬，我们不清楚这一鞠躬到底是表达他深深的悔意，还是感谢世界巡回讲座的听众，能以宽容的心态听一个老者，在

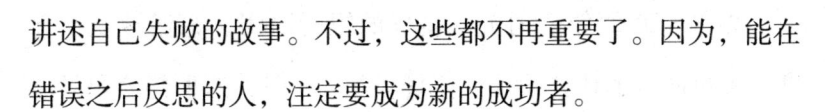

讲述自己失败的故事。不过，这些都不再重要了。因为，能在错误之后反思的人，注定要成为新的成功者。

两鬓斑白的和田一夫先生更是坚信这一点。

第四节　冷暖人间心自知

蜜蜂从花中啜蜜，离开时营营地道谢。

浮夸的蝴蝶却相信花是应该向他道谢的。

——泰戈尔

在八佰伴集团公司破产之后，和田一夫真正品尝到了人间的世态炎凉。

首先是银行业的不再支持，银行毕竟是逐利的金融机构，当他们认定一家公司处于发展上升期的时候，会热情服务，主动投资，但是一旦公司的经营情况发生恶化的时候，就会及时调整金融策略，不再提供资金支持。

从上世纪90年代中期开始，日本八佰伴公司的现金流出现了断流的危险，而总公司仍然把公司的利润，以及发行债券的收益投向了海外市场。但是这些投资并没有获得相应的利润，八佰伴公司的经营已经显现出衰败的迹象。

先前与八佰伴公司关系良好的银行财团，忽然转变了态度，不再向八佰伴公司提供借贷服务。于是，八佰伴公司只能采用在债券市场直接发行债券的方式来筹措资金。短短五年的时间，共发行了近500亿日元的可兑换债券。

八佰伴公司的做法可谓大胆而独特，这样做的好处是能够直接利用证券市场的资金，而不需要繁琐的调节资金，更没有什么繁琐的审批制度，还能最大程度地吸收民间资本。发行债券的方式在八佰伴公司处于上升期的时候，是有效的融资方式。但是，一旦经济危机出现，八佰伴公司的经营出现低潮的时候，人们对公司发展的预期就会降低，与此同时，连带着对发行债券公司的股票的价值预期也会降低，所以，最终会使得公司陷入一种发行债券——降低预期——抛售股票——无力偿还的怪圈。

八佰伴公司向证券市场发行的债券，并没有获得银行财团的信誉担保，等于绕过了传统市场的中间商——银行，这种筹措资金的方法，虽然摆脱了从银行获得资金支持的严格限制，同时也意味着失去了银行有效的财务监督，很容易陷入债务膨胀的危机。所以，八佰伴公司游走在破产边缘的时候，银行也没有向八佰伴公司伸出援手。

和田一夫对银行业"见死不救"的做法，虽然心有不满，但是这毕竟是市场经济下的丛林法则。在这个胜者为王、利益至上的时代，并不能用所谓的道德和人情来解读商业行为。

八佰伴公司最终在一片惨淡的境遇下黯然谢幕，不过这并不意味着八佰伴精神的终结，毕竟八佰伴公司曾经创造了一段商业传奇，他的成功经验值得我们好好地总结，而他失败的教训更对后来的创业者有着独特的警示作用。

八佰伴公司的第三代领军人物和田光正说："公司破产的原因是多种多样的，不能仅仅归结于一点，不过有一个现象值得注意，我们的投资计划并没有错，错的是我们对如何执行这个宏伟蓝图，缺乏必要的具体化步骤和短期目标。我们只是给大家一个国际化的梦想，却没有告诉大家，如何走向它。"

和田光正的话，说得不无道理，如果一个公司的发展建立在狂热与盲目的基础上，美好蓝图最终也只能是稍纵即逝的海市蜃楼。

和田一夫听了和田光正的见解，并没有做出回应。毕竟，银行的拒绝救援也好，海外扩张的盲目狂热也好，都随着八佰伴集团公司的大幕徐徐落下，而变得只有写进经营案例的意义了。这个饱经沧桑的老人，还是不改自己的初衷，始终坚信当年将公司的总部从日本热海市迁到香港，继而转战上海市，是一项正确的战略决策。因为在和田一夫的心中，始终对所谓的现代金融体系和丛林法则怀有一种抵触情绪。他骨子里是一个有着儒家文化情结的儒商。

和田一夫更看重的是顾客体验，以及企业内部的文化精神。而对冰冷的金融法则不感兴趣。所以，从这个角度讲，他

是一个有着浪漫情怀的理想主义者。

　　2005年金秋，隐居于乡野的和田一夫忽然接到一封来信。他感到很诧异，有谁会给一个世界著名的"失败者"写信呢？

　　他展开了这封"久违"的问候，才发现是上海第一八佰伴公司全体员工写来的："尊敬的和田一夫先生，值此上海第一八佰伴公司成立十周年之际，我们十分惦念先生的生活。您现在怎么样了？中国有句俗语说吃水不忘打井人，虽然和田先生已经离任多年，但是您永远是八佰伴公司的创始人，而先生的话也永远被后来者所铭记。尊敬的和田先生，如果您方便的话，欢迎故地重游，我们共同见证上海八佰伴公司发展的雄奇与壮丽。这一切，都是您当年倾尽心血得来的，也是您和我们全体同仁共同奋斗的结果，我们在这里衷心地祝福先生身体健康，万事如意，也热切期待着先生的到来！"

　　和田一夫读罢来信，掩卷沉思良久，忽然老泪纵横。他体会到了来自遥远的中国的问候和温暖。他将这封问候信小心翼翼地珍藏起来，并对自己家族的成员说："这就是我当初决定扎根中国的原因。这里的人不仅仅讲商业法则，更懂得人情、感恩。"

　　遗憾的是，和田一夫再也没有踏上上海浦东的土地，也没有回到他一手创立的上海第一八佰伴公司。但是，从另一个角度来说，和田一夫也从来没有离开过他一生为之奋斗的八佰伴公司。

第五节　快乐的哲学

> 所有的人都以快乐幸福作为他们的目的，没有例外。不论他们所使用的方法是如何不同，大家都在朝着这同一目标前进。
>
> ——帕斯卡

在和田一夫72岁的时候，自己经营多年的八佰伴集团公司倒闭了，这是他毕生的心血。年轻的时候，一心创业的和田一夫根本没有想到为自己留一条后路，他每天的工作就是为公司的发展殚精竭虑，从来不留什么"私房钱"，所以，当这个世界最大的零售行业的领头人破产的时候，变成了一文不名的"穷光蛋"。

破产后的和田一夫，生活上陷入了窘困的境地，他搬离了位于香港太平山上的豪宅，租住在一间两室一厅的普通公寓里，再也没有先前的锦衣玉食，每天吃的是饭团与盒饭，再也没有先前的宝马香车，每天要挤公交车出行。

当时的舆论一致认为，和田一夫注定要凄苦余生，原因很简单，很多亿万富翁在破产之后，实在受不了生活条件的巨大落差，要么含恨自杀，要么隐居在一个世外桃源，从此杳无音讯。更何况和田一夫是一个70多岁的老人呢？恐怕他再也没有东山再起的机会了。

不过出人意料的是，和田一夫只用了半年的时间就走出了破产的阴影，他兴致勃勃地和几个年轻人开办了网络咨询公司，公司虽小，但是五脏俱全。同时，和田一夫还创立了高科技公司，并雄心勃勃地要开始自己的海洋生物战略。和田一夫十分满意自己的第二次创业，不过，他没想到赚取多少金钱，而是十分满意自己还有年轻人一样的生命激情。

和田一夫现在的工作是，穿着笔挺的西服，戴着鲜艳的领带，在世界各大商学院开设商业讲座。和田一夫并没有因为自己是一个失败者而沮丧、落寞，相反，在人群中总是保持着自信的微笑。

现在大家对和田一夫关注的焦点，并不是他的新事业会发展到什么程度、将来是否会真正地东山再起。大家都很好奇，一个人承受了如此重大的痛苦和挫折，竟然能如此乐观，他是不是有什么调整心态的秘诀？

和田一夫有一个秘诀——快乐日记。

和田一夫从小就坚持每天写一篇日记，但是他的日记和别人的写法不一样，他并不在日记里记录生活中的烦恼和不快，而是记录这一天发生的最快乐的事情，内容也随着生命年轮的增长，悄然发生着变化：少年时，他记录大自然的恩赐，一只自由飞翔的小鸟，一群忙忙碌碌的蚂蚁，都成为他笔下的主角；青年时，他记录每天的情感历程，有对少女的爱恋，对好友情谊的珍惜；中年以后，他记录更多的是职场趣事，还有对未来事业的憧憬与规划；而步入老年之后，他更多地思考生命的价值和意义，以及对生命赐予的一切的感恩。

人的一生，不如意的事情一定很多，当坎坷和不幸降临的时候，最重要的是保持一个健康的心态去面对它。要坚信，即使前面的道路并不平坦，也不要怨天尤人，阴霾过去又是一个艳阳天。

和田一夫写快乐日记的习惯，来自于他青年时代在心灵之家接受的辅导。此后的50多年，他一直坚持清晨4点多钟起床，先是冥思静想半个小时，让自己的身心完全放松，然后开始记录快乐日记。

"别人的日记都是晚上记录，有对一天进行总结的意思。但是我总是清晨开始记录，因为我觉得一天之计在于晨，清晨的时光能让人神清气爽，忘掉昨日的烦恼.再说，如果晚上记日记的话，在暗夜的背景下，人的心情一定是很阴郁的，而且有什么事情，一定是火气很大。但是等到冷静了一夜之后，尤其是朝气蓬勃的太阳升起之后，什么烦忧都显得微不足道了，所以，这就是我选择在清晨写快乐日记的原因。"和田一夫这样总结自己的快乐秘诀，因为他的举动在世人的眼里显得有些古怪。

和田一夫并没有否认自己的秘诀有自欺欺人的成分。他说："有时候，自欺欺人也没什么不好，人生如果都是用加法累积自己的烦恼，有的人甚至用乘法放大自己的烦恼，那么人生就不是一次享受的过程，而变成带着枷锁的无期徒刑了。"

和田一夫的话很有道理，他采用的是正能量为主的选择性记忆，每天记录的都是自己的成绩和点滴的成长，还有对自然和亲情的感恩之心。在心理学上，这种行为会产生良好的心理暗示作用，即使遇到天大的事情，也要学会耸耸肩膀，笑着对自己说："没关系，一切都会好起来的。"

第六节　信念是远航的风帆

既然我已经踏上这条道路，那么，任何东西都不应妨碍我沿着这条路走下去。

——康德

很多人感到十分好奇，经历过从"云端"到"地狱"一样改变的和田一夫，为什么能永远保持微笑？和田一夫的回答很简单："因为我找到了一个宝藏，这是我自信的根源，这个宝藏的名字叫信念。"

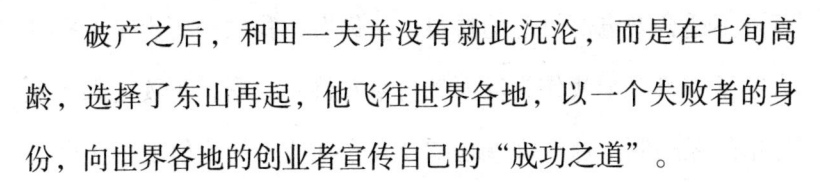

破产之后，和田一夫并没有就此沉沦，而是在七旬高龄，选择了东山再起，他飞往世界各地，以一个失败者的身份，向世界各地的创业者宣传自己的"成功之道"。

在旧金山商学会组织的"经营讲堂"上，鹤发童颜的和田一夫先是向台下的听众深深地鞠了一躬，然后讲述自己的经验和教训。他自嘲地说："我恐怕是这个星球上最老的创业者了，在这个可以含饴弄孙的年纪，还和年轻人一样，嚷嚷着创业，怎么看怎么奇怪。"

这时，台下的听众发出了善意的笑声。大家都对眼前的老先生心怀敬意，毕竟他曾经是世界最大的零售连锁商店的董事长。

忽然，一个小伙子站了起来，他显然对和田一夫先生的话不屑一顾："我知道您曾经是一个成功的创业者，但是，坦率地说，那些成功的故事都是过去式了，现在您是一个失败者，还有什么值得我们借鉴的经验吗？"

和田一夫好像早有预料，对小伙子的出言不逊并没有感到惊讶。

他先是有礼貌地示意小伙子坐下，然后平静地说："我记得伟大的美国发明家爱迪生，在发明电灯的时候，曾经为了寻找最适合的灯丝材料，进行了1500多次的实验，无一例外都失败了。有人嘲笑他失败了1500多次，真是一个没有用的人，而爱迪生先生的回答是：'我并没有失败，我成功地找到了1500

多种不适合做电灯灯丝的材料。'你看,我的经历也是这样,大家至少可以把我作为反面教材来看待,看啊,不要走那个老先生的老路啊,这或许就是我今天来到这里的价值吧……"

顿时,全场爆发出热烈的掌声,那个质疑和田一夫的小伙子也不好意思地笑了。

接下来,和田一夫又给大家讲了一个美国州长的成长经历。罗杰·罗尔斯是美国历史上第一位黑人州长,他的成长经历可谓一波三折。他出生在纽约市的一个贫民窟。这里的孩子只有两个归宿,要么去工厂做劳工,要么待在监狱里做犯人,但是罗杰却走出了贫民窟,并且上了大学,最终成为纽约州的州长。

罗杰对朋友说,他这辈子最感激的人,是他的老师皮尔·保罗先生。原来罗杰在上小学的时候,是个极为淘气的孩子,整天和小伙伴跑来跑去,不爱学习,把自己全身弄得脏兮兮的。有一天,正当罗杰从窗台跳下来,准备逃课出去玩的时候,被皮尔老师抓住了,他以为自己要受到严厉的责罚。没想到皮尔老师拉着他的手端详半天,说:"你也不是一无是处,我就发现你一个特长。"罗杰惊呆了,因为在他的记忆里,他都被看作是一个不会有出息的孩子,这是平生第一次有人夸奖他。皮尔先生接着说:"你注意到了吗,你的小拇指特别修长,将来一定会做纽约州的州长。当然,你如果能经常洗洗手就更好了,州长先生。"

皮尔老师的一番话，好像是一道阳光，温暖了小罗杰冷漠的心，从此，他好像变了一个人似的，他相信皮尔老师说的话，并把这句话写在了自己的本子上。从那时候开始，做纽约州州长的念头，时刻在小罗杰的头脑中盘桓，他要时时刻刻按照州长的标准要求自己，衣服要笔挺，不能像以前那样脏兮兮的，学习要进步，不能像以前那样翻墙玩耍了。他每天都挺直腰板走路，以后的几十年，他每天都按照一名州长的标准要求自己，终于在50岁的时候梦想成真了。他当选为纽约州州长。

和田一夫看了看大家，激动地说："正如罗杰先生说的，这个世界上，最珍贵的精神就是坚持信念，因为信念这个词好像围绕在我们身边的空气和水，还有阳光一样，能够让任何人都免费获得，但是失败者往往是忽视信念的人，就像我们不珍惜最宝贵的空气、水和阳光一样。而成功的人，走出的第一步，往往是从一个小小的信念开始的，只要你坚持了，就会沿着成功的道路，一直走下去。"

这时候，全场不约而同地全体起立，为和田一夫的演讲送上了经久不息的掌声，在大家看来，和田一夫并不是一个失败者，而是一个曾经失败的成功者。

因为，所谓的失败者，往往是那些失败一次就认为是人生终点的人。而和田一夫先生，不仅自己走出了失败的阴影，还将成功的信念传递给了更多的人。让大家树起信念的风帆，扬帆远航。

第七节　人生是常开常落的花

> 不可畏惧人生。要相信人生是有价值的。这样才会拥有值得我们活下去的人生。
>
> ——威廉·詹姆斯

当八佰伴集团公司破产的时候，和田一夫几乎成了孤家寡人，因为日本文化往往对成功者大加推崇，而对失败者有失宽容。他们崇尚的是"胜者为王败者为寇"的丛林法则。

所以，一旦公司陷入破产，员工们各奔前程，银行马上索债，而亲友们则埋怨和田一夫断送了祖上的基业。和田一夫简直成了千夫所指的罪人。他自然情绪低落，甚至想过了自杀。

这时候，唯一在他身边，坚定不移地支持他的，是和他相濡以沫几十年的妻子。她默默地走到丈夫身边，拍了拍他的肩膀说："要知道，我当初嫁给你的时候，你不过是个乡下佬，是在乡村卖菜的杂货郎，你也根本不是什么跨国公司的董事长。现在不过又回到了起点而已，没什么大不了的，有我在你身边呢！大不了我们再回去，从卖菜的杂货郎干起！"

夫人的话，让近乎众叛亲离的和田一夫热泪盈眶。在经历了破产之后的痛苦、绝望与反思之后，他发现能陪伴在身边的，只有生命中至亲至爱的人。他决心要为了他们再活一次，先前那个浮躁的和田一夫已经"死"了，自己要有一个新的开始。

和田一夫对朋友说："我的父母给了我第一次生命，我的妻子给了我第二次生命，如果没有她陪伴着我，我的生命在破产当夜就已经终止了。"

一天，当和田一夫打开日记本，想记录下一天的快乐时光的时候，忽然发现，自己已经很多天没有记日记了，因为最近遇到的都是不快乐的事情，让人焦头烂额，甚至痛不欲生。猛然间，他想起最近读到的一本书——《我的父亲邓小平》，这个中国伟人最后复出的时候已经过了古稀之年，仍然以年轻的激情带领中国人走向了富庶。而自己不过60多岁，还有什么想不开的呢？

和田一夫忽然心有所悟，顿时觉得人生就像花儿一样，烦恼和快乐不过是常开常落的花儿。人生又像是在暗夜里前行，如果内心也是漆黑一片，那么永远也找不到生命的出口，如果能点燃内心的一盏烛火，就会驱赶黑暗，周遭的一切也就豁然开朗。于是和田一夫在日记本上端端正正地写上了自己的感言："要点亮心中的烛火，世界就会光明一片。"

和田一夫终于重新振作了起来，开始雄心勃勃地规划着重新创业的蓝图。不过，这时候与他相濡以沫的妻子却提出了不

第五章 浴火重生的不死鸟

同的看法。

　　一天，和田一夫拿着自己的创业规划，兴奋地想和妻子分享自己的快乐，没想到，一向柔弱和善的妻子竟然像变了一个人似的，对和田一夫大发雷霆，将规划书狠狠地摔在了地上，说："还没够吗？还要再来一次失败吗？你生意破产了，我可以和你过最普通的生活，我一点怨言都没有，不过，我只是要求过一种平淡的生活而已，我不要求大富大贵，因为我们都受够了大起大落的刺激。你都快70岁了，早就过了创业的年纪了，却还要像个年轻人一样到处介绍你的创业想法，我可实在受不了，如果那样的话，我们就离婚吧。"

　　和田一夫没想到妻子的反应会如此剧烈，他弯下腰，默默地捡起自己熬了几个通宵写成的计划书，然后拂去了妻子的泪痕："我理解你的心情，在我最困难的时候，唯有你陪伴在我身边，你连吃苦都不怕，还怕别的事情吗？我知道你都是为我好。不过你想过没有，正因为我老了，70岁的人了，我才更有紧迫感，记得我们年轻的时候，常常说每个人都是不同的花朵，但是我的花现在是凋谢的，我实在不甘心从此凋谢下去，这和金钱没有关系，看来，我是一个常开常落的花朵，我要实现我的梦想……"

　　或许是和田一夫执着的精神和坚定的语气感染了妻子，她并没有坚持自己的看法。不过，她还是有些想不开，连续几周不与和田一夫说话。

和田一夫并不介意，他相信妻子一定会理解自己的，于是他开始了第二次创业，每天像工薪族一样，夹着公文包，有着开不完的会议，有着做不完的事情。直到有一天，他在自己的上衣口袋里发现了一张纸条，上面是妻子娟秀的字迹："这一次，你一定能成功，你是常开的花朵。"

和田一夫读着妻子短短一行字的留言，心中百感交集，不禁老泪纵横。

他将妻子的纸条，用相框装裱起来，挂在自己简陋的办公室墙壁上，每当倦了累了，觉得要坚持不下去的时候，和田一夫就会看看这句话，觉得那不是普通的一句话，而是妻子温柔的目光，在勉励着自己踽踽前行。

结 语

1998年4月，和田一夫创立了和田经营株式会社。虽然只有四名员工，但是，毕竟是和田一夫第二次创业的起点，他十分珍惜这次来之不易的机会。在一次研讨会上，和田一夫遇到了一个叫正田英树的年轻人，两个人大有相见恨晚的感觉，和田一夫形容这次交流为"决定我后半生命运的一次交谈"。

正田英树的理想是，将福冈县发展成为日本的硅谷。而和田一夫的理想是利用互联网技术，和更多的年轻创业者分享自己的创业得失经验。两个人一拍即合，于是，69岁的和田一夫，和27岁的正田英树结成了忘年交，开始了共同创业。

他们组建了一个名为互联网国际讲习所的网站，专门向世界各地的创业者提供业务咨询。虽然启动资金仅有1亿日元，与和田一夫高峰时期掌握几百亿资金的历史不可同日而语，但是和田一夫毫不介意创业条件的简陋。他除了在世界各地进行主题演讲之外，还开发了诸多商业软件，比如，商业采购软件，超市管理软件等。

和田一夫每天都过得忙碌而充实，甚至在网上开通了一个个人主页，名为"和田一夫的梦想芳草地"，里面记载了他辉煌的过去,还有破产的痛苦经历。更有他对人生和商业的思考。开始的时候,人们的留言多数是询问八佰伴公司破产的原因,和田一夫都耐心地做了解答,他坦率的态度很快就感染了诸位网友,后来,人们的留言多数是"向老先生致敬""和田先生加油"等鼓励性的话语。

当然,更多的留言是询问和田先生创业的秘诀、经营的经验等。和田一夫毫无保留地将自己的经验和教训,传递给更多的创业者。

和田一夫常常向读者推荐自己的"经营是人生的修炼"理念,并提出了快乐商业哲学。他主张创业者应该每月召开一次例会,在例会上除了探讨业务之外,还应该给每个与会者三分钟时间,说一说最近一个月来发生的最快乐的事情,当每个人都将快乐传递给同仁之后,企业一定是朝气蓬勃、欣欣向荣的。

和田一夫还常常将人生比喻为一个舞台表演,每个人都在扮演自己的角色,如果能以执着的精神,将角色的内涵演绎得无比形象的时候,每个人的生命就获得了价值和意义。和田一夫作为一个经历过浮浮沉沉的老人,阅尽了人生的繁华,最后,以质朴的语言,总结了自己对人生的体悟。

"很多人问我,怎么做才能获得成功?这是每个人都渴望获得答案的问题,其实答案也很简单,在生命的每个阶段,都要设定一个可行的目标,然后,去做就是了。"

"我并不害怕失败，因为我曾经失败得一败涂地，已经跌到了人生的谷底，所以，现在我无论向哪个方向前行，都是在走上坡路。可以说，未来的十年才是我人生的新巅峰，要知道，对我来说，人生才刚刚开始呢。"

和田一夫嘴角上扬，露出了真诚的微笑，仿佛在注视着远方的梦想。